2023—2024 年中国工业和信息化发展系列蓝皮书

# 2023—2024 年
# 中国新型工业化发展蓝皮书

中国电子信息产业发展研究院　**编　著**

乔　标　**主　编**

何　颖　谢振忠　**副主编**

電子工業出版社
Publishing House of Electronics Industry
北京 · BEIJING

## 内 容 简 介

推进新型工业化是以习近平同志为核心的党中央统筹中华民族伟大复兴战略全局和世界百年未有之大变局作出的重大战略部署。2023 年 9 月，全国新型工业化推进大会召开，迅速在全社会形成了强大合力和发展动力。本书从促进工业经济平稳增长、提升产业链供应链韧性和安全水平、全面提升产业科技创新能力、持续推动产业结构优化升级、大力推动数字技术与实体经济深度融合、深入推动工业绿色低碳发展、加快建设世界一流企业等方面，系统梳理了 2023 年我国推进新型工业化的进展和成效，总结各地区各行业的经验做法，展望新型工业化发展趋势，为更好推进新型工业化提供借鉴参考。



**图书在版编目（CIP）数据**

2023—2024 年中国新型工业化发展蓝皮书 / 中国电子信息产业发展研究院编著 ; 乔标主编. -- 北京 : 电子工业出版社, 2024. 12. -- (2023—2024 年中国工业和信息化发展系列蓝皮书). -- ISBN 978-7-121-49398-0

Ⅰ. F120.3

中国国家版本馆 CIP 数据核字第 2024S2Z592 号

责任编辑：关永娟
印　　刷：中煤（北京）印务有限公司
装　　订：中煤（北京）印务有限公司
出版发行：电子工业出版社
　　　　　北京市海淀区万寿路 173 信箱　　邮编：100036
开　　本：720×1 000　1/16　印张：13.25　字数：254.4 千字　彩插：1
版　　次：2024 年 12 月第 1 版
印　　次：2024 年 12 月第 1 次印刷
定　　价：218.00 元

凡所购买电子工业出版社图书有缺损问题，请向购买书店调换。若书店售缺，请与本社发行部联系，联系及邮购电话：（010）88254888，88258888。

质量投诉请发邮件至 zlts@phei.com.cn，盗版侵权举报请发邮件至 dbqq@phei.com.cn。

本书咨询联系方式：（010）88254154，guanyj@phei.com.cn。

# 前言

推进新型工业化是以习近平同志为核心的党中央统筹中华民族伟大复兴战略全局和世界百年未有之大变局作出的重大战略部署。

党的十八大以来，习近平总书记就推进新型工业化一系列重大理论和实践问题作出重要论述，提出一系列新思想、新观点、新论断，为推进新型工业化指明了前进方向、提供了根本遵循。2023 年 9 月 22—23 日，全国新型工业化推进大会召开，习近平总书记在重要指示中指出，新时代新征程，以中国式现代化全面推进强国建设、民族复兴伟业，实现新型工业化是关键任务。各部门各地区深入学习领会，抓好贯彻落实，相继召开各地区新型工业化推进大会或组织专题学习活动，在全社会迅速形成了共识，形成了强大合力和发展动力。

2023 年，各地区各行业围绕新型工业化的重点任务，全力促进工业经济平稳增长，着力提升产业链供应链韧性和安全水平，全面提升产业科技创新能力，持续推动产业结构优化升级，大力推动数字技术与实体经济深度融合，深入推动工业绿色低碳发展，加快建设世界一流企业，各方面取得了积极进展和成效。本书对 2023 年我国推进新型工业化的进展与成效、问题和挑战等进行了总结分析。

全书分为总体篇、区域篇、行业篇、展望篇。

总体篇，总结分析了 2023 年我国新型工业化发展的整体情况。总的来看，全年工业经济呈现稳中向上、回升向好态势，产业科技创新体系更加健全，重点领域创新取得重大突破，以先进制造业为支撑的现代化产业体系加快构建，制造业高端化、智能化、绿色化加快推进，一批优质企业加快成长壮大，新型工业化的发展环境持续优化。

区域篇，总结分析了东部地区、中部地区、西部地区和东北地区 2023 年新型工业化发展情况，总结了各地区在产业科技创新、产业链供应链安全、现代化产业体系、高端智能绿色发展、企业培育、发展环境等方面的主要工作及取得的成效。同时，梳理了部分地区推进新型工业化的典型经验做法，为更好推进新型工业化提供借鉴参考。

行业篇，总结分析了新能源汽车、纺织服装、钢铁、通用机械、轻工业、石油化工、光伏、锂离子电池、海工装备等行业 2023 年的整体发展情况，分析了各行业在科技创新，产业链供应链韧性和安全，高端化、智能化、绿色化发展，企业国际竞争力等方面取得的成效。重点介绍了行业龙头企业、专精特新“小巨人”企业和单项冠军企业发展情况，总结了细分行业及重点企业的典型案例和经验做法。

展望篇，分析了我国新型工业化面临的发展形势。

推进新型工业化是今后较长时期我国工业化发展的主题，要从中国式现代化全局出发深刻认识推进新型工业化的新形势新要求，瞄准到 2035 年基本实现新型工业化的总目标，推动我国工业发展不断取得新的更大成就。

中国电子信息产业发展研究院

# 目录

## 总 体 篇



## 区 域 篇

## 行　业　篇

## 展　望　篇

# 总　体　篇

第一章

# 2023 年中国新型工业化发展情况

## 第一节　2023 年新型工业化取得积极成效

2023 年是全面贯彻落实党的二十大精神开局之年，是“十四五”规划承上启下的关键一年，是我国工业发展历程中具有举足轻重意义的一年。在以习近平同志为核心的党中央坚强领导下，各部门、各地方、各行业全面贯彻落实党中央、国务院决策部署，坚持稳中求进工作总基调，推动制造业高端化、智能化、绿色化发展，构建以先进制造业为骨干的现代化产业体系，加快推进新型工业化，工业发展取得积极成效。

### 一、全国新型工业化推进大会召开

2023 年 9 月 22—23 日，党中央召开全国新型工业化推进大会，习近平总书记作出重要指示。李强总理出席会议并讲话，张国清副总理作总结讲话。习近平总书记的重要指示重点突出、内涵丰富，深刻阐释了新时代新型工业化的原则和重大任务，丰富了党对工业化基本规律的认识，对新时代新征程全面推进新型工业化作出了全面部署，提出了具体要求。本次大会是我国首次以新型工业化作为主题的全国性会议，历史意义和战略意义重大。

全国掀起学习贯彻大会精神的热潮，各部门、各地方、各行业全面学习贯彻全国新型工业化推进大会精神。2023 年 9 月 25 日，工业和信息化部党组第一时间召开会议，对习近平总书记就推进新型工业化的重

要指示和全国新型工业化推进大会精神进行了专题学习，研究贯彻落实举措。2023 年 11 月 21 日，工业和信息化部举办全系统领导干部学习贯彻全国新型工业化推进大会精神培训班，部长金壮龙以“深入学习领会习近平总书记重要论述加快推进新型工业化”为主题作专题授课。生态环境部、烟草专卖局等部门也在第一时间开展大会精神学习和传达。截至 2023 年年底，全国已有 20 余个省、自治区、直辖市组织召开会议、专题学习，传达学习习近平总书记重要指示和全国新型工业化推进大会精神，研究分析当前工业发展形势，探索具有地区特色的新型工业化发展道路。

## 二、工业经济稳中向好

工业经济呈现稳中向上、回升向好态势。2023 年是新冠疫情防控转段后经济恢复发展的一年，面对复杂多变的国内外形势，我国工业经济持续保持良好发展态势。2023 年，我国工业增加值为 399103.0 亿元，增速达到 4.2%，规模以上工业增加值同比增长 4.6%。从全年看，四个季度工业增加值增速呈前低、中稳、后企增长态势，增长率分别为 3.0%、4.6%、4.2%、6.0%，特别是第四季度高企势头明显。我国制造业全年增加值达到 33.0 万亿元，连续 14 年位居全球首位。2023 年，全国工业各行业生产保持在较高水平，产能利用率超过 75.0%。分季度看，一、二、三、四季度产能利用率分别为 74.3%、74.5%、75.6%和 75.9%，呈逐季回升态势。

行业和省份实现工业增长双提升。行业层面，在 2023 年工业 41 个大类行业中，有 28 个行业工业增加值相较 2022 年实现增长，行业增长面接近七成。工业 10 大重点行业规模以上工业增加值平均增速超过 5.0%，高于规模以上工业增加值全国平均增长水平 0.4 个百分点，电气机械器材、汽车等行业规模以上工业增加值的增速达到了 10.0%以上，钢铁、石化等一批传统行业也呈现加快复苏发展势头。在统计的 620 种主要工业产品中，有 370 余种产量持续增长，规模以上钢材产量超过 13 亿吨，化纤产量超过 7100 万吨，智能手机及卫星微型计算机产量继续领跑全球。省份层面，各地高度重视以制造业为主体的实体经济发展，多地工业经济总量迈上新台阶，广东省规模以上工业增加值达到 4 万亿

元，10 个工业大省中有 8 个规模以上工业增加值的增速超过全国平均增速，江苏省、安徽省、山东省增速领先，分别达到 7.6%、7.5%、7.1%，工业大省对全国工业经济发展的引领带动作用更加突出。

工业投资稳步增长。2023 年，我国工业固定资产投资持续保持增长态势，相较 2022 年增幅约为 9.0%，高于全社会固定投资增幅 6 个百分点。其中，制造业领域投资稳中向好，2023 年制造业投资比 2022 年增长 6.5%，高于全社会固定投资增幅约 3.5 个百分点。特别从 2023 年 8 月开始，制造业领域投资呈加快态势，汽车制造业、电气机械和器材制造业、化工及有色金属业等受到资本市场青睐，行业增速均超过 10.0%。2023 年，高技术制造业投资继续走高，比上年增长 9.9%，高于制造业领域投资 3.4 个百分点，高技术制造业投资占制造业领域投资比重相较 2022 年增长 0.8 个百分点。新动能投资保持较高增长，电气机械和器材制造业投资增长约 32.2%，汽车制造业和计算机及办公设备制造业投资增长均接近 20.0%，计算机及办公设备制造业、仪器仪表制造业、电子及通信设备制造业投资均超过 10.0%。

## 三、产业科技创新体系更加健全

重点领域创新和重大工程捷报频传。“大飞机”攻关取得重大进展，C919 国产大型飞机投入商业运营，大型水陆两栖飞机 AG600 成功水上首飞。船舶工业重大成果精彩纷呈，国产首艘大型邮轮“爱达·魔都号”在上海正式命名交付，自主设计建造的第五代“长恒系列”17.4 万立方米大型 LNG 船从上海长兴厂区 2 号船坞顺利出坞，首台船用中速大功率氨燃料发动机于辽宁大连点火成功。海陆空天一批重大科技成果纷纷涌现，“探索一号”科考船装载“奋斗者”号载人潜水器顺利完成国际环大洋洲载人深潜任务，全球单机容量最大的 16 兆瓦海上风电机组成功并网发电，中国“人造太阳”成功实现稳态高约束模式等离子体运行 403 秒，国产 ECMO 完成注册取证，智能 6 行采棉机实现量产，神舟十六号、十七号顺利升空，中国国家太空实验室正式运行。

产业科技创新能力持续增强。我国深入实施创新驱动发展战略，以科技创新引领产业创新。2023 年，我国全年研究与试验发展（R&D）经费支出达到 3.3 万亿元，比 2022 年增长近 0.3 万亿元，增幅超过 8.0%，

研究与试验发展经费支出继续保持在全球前列。其中，基础研究持续得到重点支持，研究与试验发展经费由 2022 年 2023.5 亿元增长至 2023 年 2212.0 亿元，增速达到 9.3%；研发投入强度由 2022 年 2.5%增长至 2023 年 2.6%。截至 2023 年年底，国内（不含港澳台）发明专利有效量接近 402 万件，成为全球首个有效发明专利超过 400 万件的国家，其中，高价值发明专利超过 40.0%，国内万人高价值发明专利数量接近 12 件。在世界知识产权组织发布的《2023 年全球创新指数》中，我国成为 30 强中唯一上榜的中等收入经济体，总排名全球第 12 位，拥有的全球百强科技创新集群数量已跃居世界第 1，创新能力得到全球认可。

强化企业创新主体地位。着力提升重点企业创新活力，各部门通力协作、精准施策，推动各项政策落实落细，将先进制造业企业（制造业高新技术企业）全部纳入增值税加计抵减政策范围，将符合条件的行业企业研究与试验发展费用加计扣除费用比例由 75.0%提升至 100.0%，将工业母机和集成电路企业研究与试验发展费用加计扣除费用比例由 100.0%提升至 120.0%。开展国家技术创新示范企业认定，68 家企业被认定为 2023 年国家技术创新示范企业。大力开展高新技术企业培育，累计培育企业 40 万家，推动创新资源向企业聚集，着力引导和激发企业创新热情。

创新网络更加完善。制造业创新中心建设加速，2023 年先后批复组建了通用机械基础件、高性能膜材料、现代中药 3 家国家制造业创新中心和国家地方共建新型储能创新中心。创新平台建设取得阶段性成效，新建 25 家（含筹建）国家新一代人工智能公共算力开发创新平台及 120 家产业技术基础公共服务平台，布局建设的新材料重点平台达到 35 个，产业共性技术供给能力得到进一步提升。以制造业创新中心为核心，网络化、多层次、多节点的制造业创新网络逐步走向成熟。

## 四、加快构建以先进制造业为支撑的现代化产业体系

大力改造提升传统产业。相关部门印发并实施了一批政策文件，如工业和信息化部、国家发展和改革委员会等 8 部门印发《关于加快传统制造业转型升级的指导意见》，修订出版《工业企业技术改造升级投资

指南（2023 年版）》，为政府、金融机构开展投资工作提供参考，实施制造业技术改造升级工程，着力推动传统产业转型升级。2023 年，用于制造业企业技术、工艺、设备、生产服务等环节提升的制造业技术改造投资相较 2022 年增长约 3.8 个百分点。2023 年，钢铁、电解铝、建材等高耗能行业落实有关要求，推动落后产能进一步退出，有 78 家钢铁企业的 3.9 亿吨粗钢产能完成全流程超低排放改造。

培育壮大新兴产业。2023 年，我国装备制造业和高技术制造业继续保持快速增长。其中，规模以上装备制造业增加值相较 2022 年涨幅约为 6.8%，占规模以上工业增加值比重达到 33.6%；高技术制造业也保持增长势头，占规模以上工业增加值比重达到 15.7%。各部门持续完善新能源汽车产业发展的政策体系，支持高效太阳能电池、大尺寸超薄硅片等关键技术攻关和产业化取得积极进展。2023 年，以电动汽车、锂离子电池、光伏产品为代表的“新三样”成为我国面向全球的最新亮丽名片，全年出口总额达到 1.1 万亿元，首登万亿元台阶，有力支撑了工业经济平稳增长。新能源汽车产销量分别完成 958.7 万辆和 949.5 万辆，同比增长均超过 35.0%。工业和信息化部开展第五批服务型制造示范认定，170 个服务型制造示范企业、平台和城市入选；开展第六批国家级工业设计中心，118 家设计中心入选。现代服务业与先进制造业融合程度进一步加深，2023 年电子商务交易额相较 2022 年增长 9.4%，生产型服务业商务活动指数年均值位于 55.0%以上较高景气区间。

推动区域产业协调发展。2023 年 6 月国务院批复新疆阿克苏阿拉尔高新区升级为国家高新区，进一步推动高新区布局优化、功能提升。2023 年，全国国家级高新区数量累计达到 178 家，园区生产总值约为 18.0 万亿元，约占全国国内生产总值比重的 14.0%，成为全国三成左右高新企业的聚集地、四成左右专精特新“小巨人”企业成长地、六成左右科创板上市企业发展地。累计打造国家先进制造业集群 45 个，各个集群促进机构积极谋划、前瞻布局，制定印发一批国家先进制造业集群三年行动方案，着力提升国家先进制造业集群竞争力，推动国家先进制造业集群向世界先进制造业集群迈进。在注重发展的同时，我国也高度重视区域发展的平衡性，加大对中西部产业发展支持力度，累计在中西部地区举办 9 场产业转移发展对接活动，制造业区域布局不断优化。

## 五、高端化、智能化、绿色化发展加快推进

推动制造业加快迈向价值链中高端。持续加强制造业质量品牌建设，实施“三品”行动和重点行业质量品牌提升行动，开展质量标准品牌赋能中小企业专项行动，高质量产品和供给服务能力不断增强。积极推动数字适老化改造，2577 家网站和 App 完成适老化及无障碍改造。截至 2023 年年底，国家质量监督检验中心累计达到 877 家，产品质量、体系和服务认证机构累计达到 1242 个，全年制造业产品合格率接近 93.7%。

制造业数字化转型加快。2023 年，制造业“数转智改网联”持续推进，培育国家级智能制造示范工厂约 421 家及万余家省级数字化车间和智能工厂；我国累计建成“灯塔工厂”62 家，占全球总量四成左右，数量排名全球第 1；树立了一批可复制、可推广的场景示范案例。智能制造系统解决方案供应商数量得到进一步提升，培育主营业务收入 10 亿元以上供应商 150 余家。工业和信息化部、财政部实施第一批中小企业数字化转型试点城市工作，30 个城市入选并得到支持，推动了中小企业数字化改造。不断完善网络基础设施建设，累计建设 5G 基站 337.7 万个。工业互联网快速发展，“5G+工业互联网”项目超过 1 万个，5G 融入 71 个国民经济大类，工业互联网实现 41 个工业大类全覆盖。截至 2023 年年底，全国数字化研发设计工具普及化率达到 79.6%，重点领域关键工序数控化率达到 62.2%，制造业数字化转型取得显著成效。

绿色制造体系加快构建。持续推进绿色制造典型实施主体培育力度，2023 年，新培育国家级绿色工厂 1488 家、绿色工业园区 104 家、绿色供应链管理企业 205 家，累计培育国家级绿色工厂超过 5000 家。持续推动工业用能结构优化，对钢铁、有色、建材等重点行业领域，4391 家企业开展节能监察，支持 113 家服务机构对 1863 家工业企业开展节能诊断，推动企业依法依规用能。持续强化工业节能减排产融合作，在国家产融合作平台开设工业绿色发展、石化化工老旧装置技改专栏，累计入库优质企业超 4000 家，助力企业融资超 1000 亿元。

## 六、一批优质企业加快壮大

加强世界一流企业培育。世界一流企业是国家综合国力与全球竞争力的直接体现，也是增强全球竞争力、产业链供应链韧性、价值链迈向中高端的关键环节。我国高度重视世界一流企业培育工作，国务院印发《关于加快建设世界一流企业的指导意见》，体系化部署世界一流企业建设的总体工作要求。有关部门制定印发《制造业单项冠军企业认定管理办法》等一系列政策支持单项冠军企业发展，2016—2023年，我国开展了七批制造业单项冠军企业（产品）培育遴选，累计遴选培育1186家制造业单项冠军企业，其中，有90%以上的企业国内市场占有率位居第1位，有70%以上企业全球市场占有率排名首位。2023年，我国共有63家制造业企业入围世界500强，制造业独角兽企业达124家。

促进中小企业专精特新发展。培育第五批专精特新“小巨人”企业3654家，新培育100个国家级中小企业特色产业集群。截至2023年年底，全国累计培育专精特新中小企业10.3万家、“小巨人”企业1.2万家、中小企业特色产业集群200个，中小企业发展活力持续增强。2023年，A股新上市的企业中有七成左右是专精特新中小企业，专精特新中小企业已成为新上市企业的重要主体。

完善中小企业服务体系。推动企业产融对接，通过国家产融合作平台助力企业融资超过7100.0亿元。各部门发布政策推动企业减负，2023年全国新增减税降费及退税缓费超2.2万亿元，为中小企业发展增添活力。积极推动中小企业与大企业、中央企业融通合作，开展大中小企业融通对接活动700余场，推动企业间形成意向合作约为1.2万项。实施大企业发榜中小企业揭榜，围绕技术创新发布各类需求超400项，超1200家中小企业协同攻关，有力促进中央企业供应链向中小企业开放。

## 七、工业发展环境持续优化

不断提升金融服务能力，实施“科技产业金融一体化”专项，围绕空天信息、生物医药、前沿新材料等领域，在雄安新区举办产融、产业、产城多向对接活动，58个早期硬科技项目开展了路演，超九成项目达成了合作意向，融资额超百亿元。多部门合作加强宏观信贷政策对制造

业的支持，制造业中长期贷款余额增速连续 3 年保持在 30.0%左右。2023 年，制造业中长期贷款余额同比增长接近 32.0%，国家产融合作平台助企融资规模同比增长了 68.0%。加大制造业创新人才培养力度，2023 年有关部门支持 14 所高等院校与企业共建第二批国家卓越工程师学院，我国国家卓越工程师学院累计达到 24 家，这些院校培养出来的学子将成为我国未来制造业发展的重要人才力量。大力推动制造业高水平对外开放，全面取消制造业领域外资准入限制措施，发起成立全球发展倡议新工业革命伙伴关系网络，强化与国家级“一带一路”合作伙伴开展工业领域国际合作。2023 年，我国与“一带一路”合作伙伴进出口总额达到 19.5 万亿元，同比增长接近 3.0%，占我国近一半的外贸总值。

## 第二节　推进新型工业化面临的困难和挑战

### 一、产业创新能力有待进一步提升

新中国成立以后，特别是改革开放以来，我国与国外友好国家加强合作，通过引进成套技术设备、专利、技术等方式，在一些领域上大幅度缩减了研发周期，为产业发展提供了重要支撑。立足新发展阶段，发展新型工业化要坚持科技自立自强，关键点在于基础研究及其带动的重大技术创新。因此，过去以“引进再消化”“拿来主义”为主的技术发展模式与新型工业化面向新兴领域、未来产业、重大技术、重大场景的发展趋势极不匹配。基础研究是新技术诞生的源头，是产业发展的根基。据《2023 年国民经济和社会发展统计公报》数据，2023 年，我国研究与试验发展经费支出占国内生产总值比重为 2.6%，其中，基础研究经费占全部经费支出比重约为 6.7%，相较 2022 年尽管已取得较大增长，但与欧美发达国家 15.0%～20.0% 的基础研究投入比例存在较大差距。近年来，我国企业对创新投入总体呈现逐年增加趋势，2022 年规模以下制造业企业研发投入强度为 1.6%，但仍低于发达国家（2.5%～4.0%）的平均水平。2023 年，我国发明专利产业化率达 39.6%，与美国相比仍有差距。总体而言，我国在产业科技创新方面已取得较大发展，但在基础研究、企业研发投入、成果转化等方面还存在诸多不足，成为制约我国制造业向全球价值链中高端跃升的主要瓶颈之一。例如，在高档芯片、工业机器人、高端数控机床等核心硬件和通用人工智能、工业互联网等领域还有诸多“卡脖子”技术有待突破。此外，受中美贸易摩擦、全球产业链供应链波动、地缘政治等不稳定不确定因素影响，我国制造业产业链供应韧性和安全受到进一步挑战，提高产业科技创新能力，加快实现科技自立自强，是应对各类风险挑战的重要保障。

## 二、质量品牌效益尚显不足

质量是品牌的第一要义，重视质量也是经济转型发展的普遍规律。近年来，我国制造业质量竞争力稳步提升。据国家统计局数据，2021—2023 年我国制造业产品质量合格率分别为 93.1%、93.3%、93.7%，已连续 8 年稳定在 93.0%以上。但在部分领域，制造业产品质量仍存在鱼龙混杂现象。例如，我国部分国产机床在零部件可靠性、耐用性、持久性方面与国际一流品牌存在差距，不仅影响了我国机床总体性能和功能的提升，更对机床的效率造成不利影响。同时，作为质量的价值体现，虽然我国制造业企业品牌建设已取得一定成效，众多品牌开始走向国际市场，但在全球范围内具有影响力和知名度的“中国制造”顶尖品牌数量相对较少，品牌价值尚有较大提升空间。据国际品牌战略咨询公司 Interbrand 发布的 2023 年全球最佳品牌排行榜显示，2023 年我国仅有小米和华为两个品牌上榜，分别位列第 87 位和第 92 位，且品牌价值较 2021 年分别下滑 1.0%和 2.0%。品牌价值既是企业技术的体现，也需要过硬的质量支撑。当前，我国多数制造业品牌仍在依靠价格获取市场，在产品设计、品牌塑造等方面存在不足，亟须不断提升产品质量水平和企业创新能力，着力提升品牌知名度和美誉度，打造“中国制造”品牌矩阵。

## 三、区域协调发展水平不高

我国地大物博，受资源禀赋、产业基础、工业文化、历史沿革等多方面因素影响，制造业区域发展还存在发展不平衡、产业协同水平不高、

产业同质化等问题。我国先进制造业高度集中于部分地区，直接体现了我国制造业区域发展的不平衡。据《2023 先进制造业百强市研究报告》数据，从区域看，华东地区、中南地区的先进制造业百强市数量最多，分别入围 50 席和 27 席，占总数的 77.0%，西南地区、华北地区、西北地区、东北地区的先进制造业百强市数量则分别为 8 个、6 个、5 个、4 个，仅占总数的 23.0%；从全国看，先进制造业百强市拥有全国七成左右的高新技术企业，培育了全国近六成的新型化示范工业基地。同时，我国区域发展还存在协同效率不高的问题。

部分地区产业发展缺少统筹规划，产业发展普遍存在小散乱、集而不群、发展定位不清晰、配套不足等问题，叠加区域内制造业发展的不平衡、行政区块分割、要素流动不充分等因素影响，导致区域比较优势不突出，主导产业发展乏力，区域协同效率不足。同时，部分地区无视本地区产业发展实际，一味“追大求新”，导致区域内各地区产业同质化严重，造成大量重复投入、重复建设、项目烂尾，各地区陷入内卷式竞争，影响工业经济运行的平稳性和可持续性。

## 四、发展环境不稳定性、不确定性增强

我国推进新型工业化面临国际国内双重挤压。从国际角度看，欧美等发达国家持续推动“去工业化”转向“再工业化”战略，引导高端制造业回流或在全球范围内重新布局，导致我国产业外迁、资本外流、先进制造业发展受阻等问题逐渐显现，我国全球最完整的产业体系、产业链供应链韧性和安全等受到极大挑战。如美国颁布的《通胀削减法案》和《芯片与科学法案》，以及法国颁布的《绿色产业法案》，都明确指出要通过减免税收、增加直接投资、提高补贴等方式，吸引新能源和半导体等高新技术产业制造回流；此外，西方国家通过组建“联盟”等方式，加大资源、先进技术、优质产品等对华出口管制力度。同时，越南、印度、墨西哥等国也在紧抓全球产业链供应链重构机遇，一方面大力发展本土制造业，积极推进本国工业化进程；另一方面积极承接欧美投资和我国产业转移。从国内角度看，我国经济已转向高质量发展阶段，但产业发展还面临诸多挑战。一是我国制造业总体处于全球价值链中低端，还存在优质产品产能不足、低端产品产能过剩等问题。二是企业盈利能

力普遍不强，企业发展信心不足。在2024年《财富》世界500强企业榜单中，上榜中国企业平均利润仅为53亿美元，不仅低于全榜单500家企业平均利润（59亿美元），更是低于美国上榜企业88亿美元的平均利润，较低的盈利水平削弱了企业的创新动力和对新产品的研发投入，不利于制造业高质量发展。三是要素成本比较优势正在逐渐减弱。如在劳动力成本方面，墨西哥劳动力平均时薪约为我国的3/4，越南劳动力平均时薪不及我国的1/2，我国制造业劳动力成本优势逐渐减弱。

## 五、资源要素约束不断趋紧

金融、人才对先进制造业发展支撑不足，正逐步取代劳动力、土地等传统要素约束，成为制约我国新型工业化发展的新问题。

### （一）金融体系支撑乏力

先进制造业技术创新性强、产业融合度高，具有高投入、高风险、高收益、长周期等融资特征，对金融体系发展提出了更高要求。当前，我国金融体系以银行为主体，以间接融资为主导，直接融资比重较低，企业发展资金压力较大。例如，根据中国银行保险监督管理委员会数据，2022年，制造业各项贷款新增4.7万亿元，增量为2021年的1.7倍，其中，制造业中长期贷款增长33.8%。融资难、融资贵等问题长期困扰企业，导致企业难以获得长期稳定的资金作为长周期技术创新的支持与保障，同时较大的资金成本也加重了企业的负担，进一步压缩了企业利润，抵制了企业立足制造业、坚持制造业、发展制造业的决心。

### （二）高素质人才紧缺

我国借助人口红利实现了传统制造业的快速发展。先进制造业具有数据密集、信息密集及知识密集等特点。随着新一轮科技革命和产业变革深入推进，以人工智能为代表的先进制造业蓬勃发展，制造业人才需求结构迎来新一轮变革，一般劳动力需求不断减少，既懂技术又懂人工智能的高素质复合人才需求持续增加。尽管每年有大量高等院校毕业生进入就业市场，我国先进制造业目前仍面临较大人才缺口。据工业和信息化部、人力资源和社会保障部、教育部联合发布的《制造业人才发展

规划指南》指出，2025 年，我国制造业 10 大重点领域人才缺口可能接近 3000 万人，缺口率达 48.0%，其中，信息技术、高档数控机床和机器人的人才缺口分别达 950 万人和 450 万人。人才供给不足已成为制约先进制造业发展的新要素约束，正深刻影响我国企业成长进程、产业整体竞争力，以及经济发展的效率。

# 区 域 篇

# 第二章 东部地区

## 第一节 2023 年东部地区新型工业化基本情况

### 一、工业经济总量占全国半壁江山

2023 年，东部地区 10 省份地区生产总值达 652084.3 亿元，约占全国的 51.7%，同比增长 5.1%，高于全国其他地区。全国 GDP 前 10 强的省份中，东部地区占 6 个。其中，广东省地区生产总值首次超越 13 万亿元，占全国的 10.8%，连续 35 年位列全国第 1 位。东部地区 10 省份工业增加值总量达 20.2 万亿元，约占全国的 51.0%；规模以上工业增加值平均增速达 6.2%，高于全国 1.6 个百分点。其中，江苏省、山东省规模以上工业增加值同比增长 7.6%、7.1%，位居全国前列。全国 200 个国家级中小企业特色产业集群中，东部地区占 104 个，占比达 52.0%。全国制造业民营企业 500 强中，东部地区入围企业为 369 家，占比达 73.8%。

### 二、创新发展水平处于全国第一梯队

根据全国科技经费投入统计公报，东部 10 省份研究与试验发展经费达 20237.6 亿元，占全国比重为 65.7%，东部 10 省份平均研究与试验发展经费投入强度为 3.2%，高出全国 0.6 个百分点。26 个国家制造业创新中心，有 15 个分布在东部地区。根据中国科学技术发展战略研究院《中国区域科技创新评价报告 2023》，东部 10 省份中有 8 省份位列

综合科技创新水平指数前 20，且前 6 位均为东部省份。上海市和北京市位列第 1 位、第 2 位，两地创新水平指数均接近 90。此外，在企业 R&D 研究人员比重排行中，东部地区广东、江苏、浙江、福建、山东等省份分别以 90.9%、90.7%、88.9%、84.9%、84.1%位列前 5 位。在基础研究经费投入强度指数评价值排行中，东部省份占据 6 席。全国 178 家高新技术产业开发区中，40%位于东部地区。我国的 3 个国际科技创新中心均位于东部地区，分别是北京、上海、粤港澳大湾区。

## 三、产业链供应链安全明显提升

东部地区工业基础扎实，有力支撑区域和国家产业链供应链安全。数据显示，我国 10 大重点领域工业基础指数为 31.7。其中，以新信息技术、生物医药及高性能医疗器械领域等为代表的东部地区优势产业的提升速度较快。2024 年 2 月，中国产业链供应指数达到 2064.5 点，同比增长 4.6%，东部地区优势产业链供应链对供应指数提升起到重要支撑作用。总体看，东部地区产业链供应链运转质量和经济价值较高，具备高效补链、快速组链、灵活换链能力，能够有效承受来自国内国际偶然因素、突发事件和不利影响带来的冲击。主要原因体现在以下 3 个方面。一是核心基础零部件与基础制造工艺、基础电子元器件、关键基础材料、关键基础软件水平高，基本在关系国家安全的领域和节点构建了自主可控、安全可靠的国内生产供应体系，战略性资源供应保障能力强。二是培育大量专精特新的“单项冠军”，打造一批能够有效带动、整合和控制产业链供应链的“链主”“链长”企业。三是从信息、生产、流通多维度全方位深化产业链供应链的交叉衔接、融通链接，精准把握战略性新兴产业发展机遇，推动创新链、产业链、资金链、人才链深度融合，提升创新体系整体效能，推动重大关键技术不断取得群体性突破。

从东部地区看，江苏省聚焦 16 个先进制造业集群和 50 条产业链，实施 8 大行动，着力提升产业链供应链韧性和安全水平。浙江省加强产业链供应链合作，扩大双向贸易和投资，完善经贸合作的利益分配机制，维护产业链供应链稳定安全。山东省开展“十链百群万企”融链固链专项行动，推动大批专精特新中小企业实现“卡位入链”，有效促进产业链供应链循环畅通。河北省聚焦“链”上发力，建机制、保畅通、出政策、惠企业、深包联、优服务，采取有力措施稳产业链、稳供应链。福建全面推进产业链供应链质量赋能工作，确定“链主”企业并将其先进质量理念、质量文化、质量管理模式向全产业链供应链延伸，不断推进产业链供应链质量协同。广东省开展产业链供应链“百链韧性提升”专项行动，充分发挥“链长+链主”协同作用，“一链一策”实施精准补链强链，提升自主知识产权和替代接续能力。海南省强化外贸企业在用能、用工、物流等各方面保障，确保外贸订单及时履约交付，保障产业链供应链稳定。北京发布《全球产业链供应链互联互通北京倡议》，推动贸易和投资自由化便利化，促进资源要素有序流动。天津市聚焦产业链高质量发展三年行动，不断壮大 12 条重点产业链。上海市着力疏通基础研究、应用研究和产业化双向链接的“快车道”，加快建设具有全球影响力的科技创新中心。

## 四、现代化产业体系加速构建

东部地区已建立门类齐全的产业体系，在 66 个国家战略性新兴产业集群中，东部地区有 36 个，占比 54.5%。45 个国家级先进制造业集群涉及 19 个省（自治区、直辖市）、3 个计划单列市，其中，东部地区 30 个，占比达 66.7%。总体看，东部地区坚持把着力点放在实体经济上，推动产业智能化、绿色化、融合化发展，逐步构建起“完整性、先进性、安全性”现代化产业体系。其成功原因可归结为以下 6 个方面。一是东部地区科技创新的引领作用强，战略性新兴产业融合集群发展水平高，新能源、新材料、人工智能、高端装备等新技术、新科技的产业化发展快。二是东部地区初步构建起适应现代化产业体系发展的现代化服务业新体系，有力支撑产业跃升发展。三是东部地区加快“一带一路”现代化物流体系布局，形成联通国内外的现代化物流体系。四是东部地区加快数字经济高质量发展，打造多个具有国际竞争力的强大数字产业集群。五是东部地区加快推动传统产业改造升级和设备更新，产业数字化水平较高。六是东部地区加快发展方式绿色低碳转型，协同推进降碳、减污、扩绿、增长，在资源环境约束日益趋紧的条件下不断推动高端化、绿色化、数字化转型、区域产能布局优化，产业发展的“含金量”“含绿量”不断提升。

从东部地区看，江苏省聚焦“1650”产业体系建设，重点发展集成电路、船舶海工、工程机械等产业。浙江省聚焦“415X”先进制造业集群，重点发展新信息技术、高端装备、现代消费与健康、绿色石化与新材料等产业。山东省聚焦“6997”现代化工业体系，重点发展高端化工、汽车、智能家电、工业母机、轨道交通、海工装备、农机装备、高端铝材、现代食品等产业。河北省聚焦“4+4+3+N”产业体系，重点发展钢铁、装备、石化、食品、医药、信息智能、新能源、新材料、现代商贸物流、文化旅游、金融服务、都市农业等产业。福建省聚焦“645”产业新体系，重点发展锂电新能源、新能源汽车、不锈钢新材料、铜材料等产业。广东聚焦“制造业当家”，实施“大产业”立柱架梁行动，重点发展新能源、超高清视频显示、生物医药、高端装备制造等产业。海南省聚焦“4+3+3”特色现代化产业体系，包括旅游业、现代服务业、高新技术产业和热带特色高效农业，前瞻布局南繁种业、深海科技、商业航天等产业。北京市聚焦“着力构建符合首都功能定位的现代化产业体系”，重点发展新信息技术、集成电路、医药健康、智能装备、节能环保、新能源智能汽车、新材料、人工智能、软件和信息服务、科技服务等产业。天津市聚焦“134”现代化产业体系，重点发展信息技术应用创新、集成电路、车联网、生物医药、中医药、新能源、新材料、航空航天、高端装备、汽车及新能源汽车、绿色石化、轻工等产业。上海市聚焦“23645”现代化产业体系，重点发展航空航天、装备制造、汽车、消费品制造、生物医药和石化钢铁等产业。

## 五、高端化、智能化、绿色化发展水平全国领先

东部地区工业高端化、智能化、绿色化发展水平均走在全国各地区前列。在高端化方面，东部地区的先进制造业和战略性新兴产业发展水平不断提升，产业基础再造工程和重大技术装备攻关工程成果显著，部分核心产业和关键技术在全球价值链中占有突出位势，质量和品牌竞争优势不断凸显。在智能化方面，东部地区是我国智能制造发展高地，约有 58%的智能制造示范工厂揭榜单位、53%的数字化车间或智能工厂位于东部地区；东部地区工业企业数字化研发设计工具普及率、关键工序数控化率较高。在绿色化方面，东部地区工业能耗强度和二氧化碳排放

强度持续降低，万元工业增加值用水量快速下降，大宗工业固体废物综合利用率不断提升。

从东部地区各省份看，江苏省围绕智能制造、数字制造、绿色制造，重点培育完善工业母机等产业链，鼓励装备制造实力较强的城市建设工业母机创新平台和产业园区。浙江省加快建设“产业大脑+未来工厂”，促进工业互联网创新发展，促进制造业和现代服务业深度融合，推进企业数字化转型，建设一流数字基础设施。山东省推进数字产业化和产业数字化，加快企业“智改数转网联”步伐。大力推动节能降碳减排，努力构建全链条绿色工业体系。河北省实施制造业技术改造升级工程，聚焦高端化、智能化、绿色化，支持传统优势产业设备更新、工艺升级。福建省以智能制造为主攻方向，推动人工智能、5G、物联网、区块链、云计算等新信息技术与制造业融合发展。广东省大力推进智能制造、工业互联网试点示范和工业机器人应用普及，推广先进节能技术装备。海南省大力推进清洁能源岛、清洁能源汽车推广和装配式建筑等标志性工程，引领重点领域绿色发展转型。北京市保持疏解一般制造业和发展先进制造业的战略定力，促进产业基础再造提升和产业链优化升级。天津市坚持破立并举，加速调整优化产业结构、加快淘汰落后产能和过剩产能，以促进工业绿色低碳发展。上海市巩固提升传统优势，加快发展壮大主责主业、特色产业，依靠技术升级，结合大规模设备更新等政策举措，打造更安全、更绿色、更智慧的工厂和园区。

## 六、企业竞争力不断提升

东部地区企业规模位列全国第 1 位。截至 2023 年年底，东部地区拥有工业企业 298031 家，占全国比重为 59.3%，其中，上海、江苏、浙江三省市拥有工业企业 129557 家，占全国比重为 26.9%，京津冀三省（市）拥有 27056 家，占全国比重为 5.6%，广东省拥有工业企业 70990 家，占全国比重为 14.7%。东部地区各省份是我国经济发达省份，产业规模大、产业生态好、企业数量多，涌现一批在细分赛道上深耕的专精特新企业，专精特新“小巨人”企业数量全国占比最高。在工业和信息化部发布的专精特新“小巨人”企业名单中，东部地区共有 8175 家企业上榜，占全国比重为 63.9%，其中，广东省、江苏省、浙江省、山东省、北京市、上海市的专精特新“小巨人”企业数量占据全国前6位。东部地区企业借力资本市场的能力更强，在上市的专精特新“小巨人”企业中，东部地区企业占比达74.3%（见图2-1）。

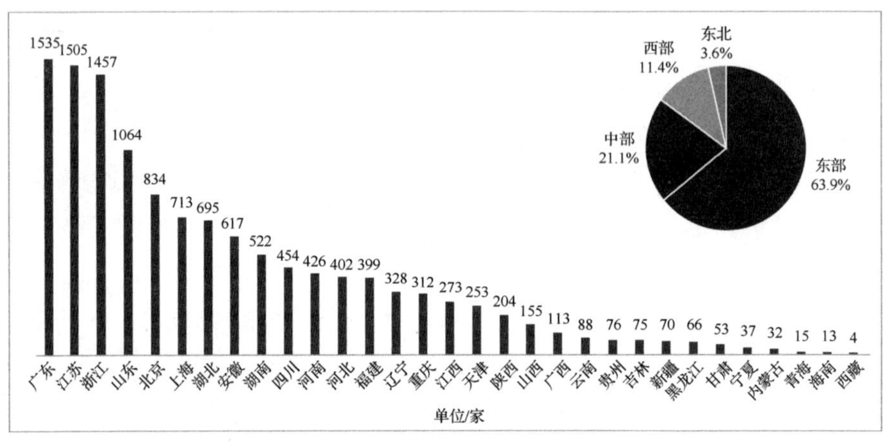


**图2-1　全国各省（自治区、直辖市）专精特新“小巨人”企业公示五批名单区域分布**

（资料来源：赛迪智库整理，2024年5月。）

## 七、产业发展生态持续优化

优化营商环境就是建立新型生产关系，更好服务新质生产力发展需要。东部地区加快推进政务服务事项“一网通办”建设，提供更广范围、更深层次的政策、人才、金融、科创、法律、税收等集成服务，推动更多惠企政策“免申即享、直达快享”，市场环境大幅优化。例如，江苏省企业开办时间，目前可最快在半个工作日完成，“一照多址”政策覆盖面不断扩大。跨省政府服务能力不断提升，目前江苏省已实现政务服务162项“跨省通办”、175项长三角“一网通办”。产业发展的法治化环境持续优化，江苏省出台《江苏省优化营商环境条例》，并公布行政许可事项清单722项，做到清单之外无许可。浙江省以出台《浙江省优化营商环境条例》为契机，在基本政务服务便捷化基础上，推行政务服务增值改革，围绕企业个性化衍生需求，为企业提供更加贴身的服务，审批服务“做减法”的同时，惠企服务做“加法”和“乘法”，进一步促进企业降本提质增效。河北省印发《河北省数字经济促进条例》，把数字经济发展上升到法律层面，为数字经济发展营造法治环境。产业发展的要素保障水平明显提升。随着产业发展，东部地区的土地资源约束不断趋紧，为了保障工业用地，东部地区多个城市通过强化土地与产业协同管理，统筹谋划产业布局和工业土地规模，以划定工业控制线的方式，强化政策、法律对工业用地管控，从而促进工业高质量发展。例如，天津市在《天津市工业布局规划（2022—2035 年）》中，划定“三区一线”，保障工业发展空间。宁波市在《宁波市工业集聚区专项规划（2021—2035 年）》提出建立“两区两线”工业空间管控体系，高水平实现工业集聚区空间集中、企业集聚、产业集群、资源集约、功能集成。

## 第二节　典型经验做法

### 一、京津冀协同提升产业链供应链韧性

京津冀产业协同发展取得积极成效，但与长三角相比，产业链融合发展水平仍然不高，产业链上下游协同配套仍不足。进一步提升三地产业链协同发展水平，既是深化京津冀产业协同的要求，也是推进新型工业化的内在要求。

一是协同绘制产业链图谱。围绕氢能、生物医药、工业互联网、新能源和智能网联汽车、机器人等产业链，梳理出产业链的堵点、卡点清单，形成技术攻关清单、招商引资目标企业清单和“链主+头雁+配套”三级梯队企业清单，建立了三地产业链协同的工作底图，为做强、做实三地产业链打下了坚实的基础。

二是联合开展招商。充分运用载体招商、平台招商、基金招商、场景招商 4 类招商模式，协同围绕重点产业链开展招商。用好京津冀产业链供应链大会、世界智能网联汽车大会、世界智能产业博览会等平台会展，在北京市、天津市、河北省等地组织系列产业链对接活动，加快引进国内外优质企业和配套项目，在三地梯次合理布局、错位发展。例如，2023 年京津冀产业链供应链大会向全球推出京津冀产业协同“群链廊”全景蓝图，汇聚了京津冀之外 400 余家企业的“链”上合作力量。

三是完善产业链协同机制。在三地工信“3+3+3”对接机制基础上，联合印发《京津冀重点产业链协同机制方案》，深化三地产业合作机制。建立京津冀产业链“链长制”，三地各自牵头统筹推进两条产业链建设，包括牵头绘制产业链图谱，围绕产业链协同中存在的问题牵头推进产业链“延链”“补链”“强链”“优链”。探索形成季会商、月调度、周沟通产业链协同机制。

## 二、福建省实施“智改数转”赋能产业发展

服装、鞋帽、食品、建材、石化、冶金等传统产业是福建省工业发展底座，这些行业传统制造模式占比较高，借助数字福建建设能力不断提升，为传统产业转型升级提供有力支撑。为顺应产业数字化、智能化的发展趋势，增强传统产业竞争力，福建省加快推进新型工业化，统筹实施传统产业数字化、智能化升级，以数字智能赋能新型工业化，加快重塑产业形态和发展模式。

一是分类推进产业数字化转型。福建省围绕传统优势产业分类制定产业数字化转型升级实施路径。积极引进数字化转型服务商，分行业推进，从轻量级改造入手，在数字化诊断的基础上，根据企业生产管理实际需要，或者推动产线自动化改造，或者提升管理信息化，或者推动全流程数字化改造，逐步对中小企业进行数字化改造。在推进过程中，依托龙头企业，通过打造一批“智能工厂”“数字工厂”“未来工厂”，开展企业数字化、智能化改造示范，形成示范样本，通过生产管控、精益排产、智能物流等应用场景实践，为中小企业“智改数转”树立看得见摸得着的范例，促进大量传统企业转型。例如，知名鞋服企业安踏通过数字化改造，打造了以数据大脑为中央控制中心、智能物流、高速分拣、柔性吊挂等智能制造执行系统的一体化智能生产系统，实现布料自动匹配，解决了取料慢、易出错、周转效率低等痛点问题，实现产能效率提升、管理成本下降，整个生产周期比原来缩短一半。

二是推动工业互联网规模化发展。组建了中国联通（福建）工业互联网研究院，打造“福创”“福睿”等工业互联网平台，“天梭”纺织云、“天味”食品云、“天步”智鞋云等行业平台，涵盖鞋服、食品、纺织、电子等行业，平台主要分布在福州长乐、泉州晋江、龙岩新罗等地，汇

集工业互联网项目 630 余个。福建省的工业互联网平台，属于国家工业互联网标识解析二级节点，目前已实现标识注册量超 3.5 亿，标识解析量突破 7.8 亿。依托工业互联网平台，企业服务延伸、网络协同能力明显提升。如晋江海纳机械有限公司建立的 5G 卫品行业工业互联网数字赋能平台，集成了设备远程诊断、大数据预测性维护等应用，在线服务客户 350 余家，遍布 30 个国家，问题排查及解决效率明显提升，用时减少近 20%。

## 三、广东省推动传统产业集群数字化转型

广州市是全国规模最大的服装类商品集散中心之一，形成了具备完备产业要素的纺织与服装产业集群。转型前，集群普遍存在研发设计能力弱、产品附加值低、同质化严重等共性痛点问题；集群内企业存在信息化水平低，供应链反应慢，款式更新周期长等问题，导致畅销款断货、滞销款库存积压，制约企业核心竞争力提升。广州市针对纺织服装产业集群同质化严重、数字化转型不足、研发设计不足、缺平台及无力购买大型制造设备等痛点问题，搭建纺织服装产业集群数字化平台。

一是建立云设计、云版房、云工厂、面辅料供应链，创新生产。为解决纺织服装行业研发设计能力不足、数字化转型不足、同质化严重等痛点问题，建设云工厂、云设计创意中心、云版房生产中心，以及面辅料供应链系统，利用数字化技术升级传统产业，采用工业互联网平台手段整合各环节生产要素，实现生产组织方式的创新。由深耕纺织服装多年、具有行业平台属性及行业影响力、拥有纺织服装产业链全链条资源的纺织服装企业牵头，构建面向广州中小微纺织服装企业的供应链体系，为企业提供简单易用的服装设计建模工具软件和快速打版打样的全流程数字化管理服务。从产业供应链角度，针对每个节点打造数字化解决方案，关注各节点间上下游企业的对接方式，打造新型产业生态圈。

二是整合集群资源，以订单驱动推进中小企业广泛上平台。依靠集群整体力量承接大型企业订单，通过平台管理订单，以订单调动中小企业的积极性。建设“服装数字供应链系统”，梳理服装供应链的业务流程，实现数据流协同。通过平台导入服装品牌的订单资源，衔接众多中小服装生产企业生产能力，在云端形成统一的虚拟总部工厂，按照与“云

工厂”链接的中小工厂各自优势，将订单按品类和产能进行拆分，委托到相应工厂生产。虚拟集群的协同生产制造模式，既充分利用了中小企业生产能力，也解决了单一企业能力不足的困扰，实现优势互补，资源高效利用。

三是建设“产业赋能中心”，以“小单快反”新模式促进产能平衡。为解决纺织服装行业规模普遍较小、自身无力购买大型设备的问题，建立“产业赋能中心”，围绕“小单快反”目标进行生产组织模式创新，打通服装订单信息、采购信息、仓库数据、裁剪数据、流水线数据、质量数据、成品数据各个环节节点，实现全过程数据可视化控制，实现生产工序智能组合与调配、生产效率实时控制，进而快速响应订单。

## 四、浙江省推行“碳效码”促工业节能降碳增效

绿色化发展是推进新型工业化任务之一，浙江省湖州市通过探索，创新构建了企业碳效指标评价体系，开展企业“三大对标”，即碳排放水平、利用效率和中和情况三个指标，三个指标在企业码平台与企业码融合，形成企业工业“碳效码”，企业用能排碳情况“一码了然”。目前，工业“碳效码”已纳入“亩均论英雄”“绿色工厂星级管理”评价体系。实现了“评价有依据、低碳有红利、高碳有压力、减碳有激励、考核有手段”的管理模式，有效促进了工业绿色发展。“碳效码”实施包括3个方面。

一是搭建工业碳平台。把“统一社会信用代码”作为企业的能效唯一性识别码，以国网新能源云平台数据为基础，围绕能耗总量、能耗强度、碳排放总量和碳排放强度4个核心指标，逐层梳理企业“碳、能、电”数据，找出不同部门类数据，归集企业税电数据，打通绿色金融服务平台、湖州数字经信等平台的数据通道，通过数据互通共享，摸清了企业用电用能底数。平台设置“碳监测”“碳对标”“碳中和”“碳应用”4个核心模块，立体展示企业用能排碳情况。

二是构建模型“立”标准。建立碳排放水平、碳利用效率、碳中和进程三个智能对标模型，设置低碳、中碳、高碳3个“水平标识”等级，1～5级5个“效率标识”，根据企业用能结构，设置“中和标识”，集成三大标识生成每家工业企业的“碳效码”。制定出台《湖州市工业碳效

对标（碳效码）管理办法》，发布首个《工业企业碳效评价规范》地方标准。

三是打通平台“促”融合。打通“碳效码”与企业码，创新“双码”融合，把标识信息放在企业码端口上，构建“双码”协同全链治理。已实现 3800 家规模以上企业、5000 余家规模以下企业的评价赋码，并可基于后台数据进行季度动态更新，形成企业“碳足迹”，贯穿于碳达峰碳中和全过程，既方便企业对标，又便于全社会联动减排。

## 五、江苏省培育三类企业主体提升产业竞争力

江苏省围绕链主企业、专精特新企业、中小微企业，加大培育力度，推动大中小企业融通发展、协同发展，协同提升全省产业竞争力。

一是握指成拳，链主企业主导构建创新生态。发达国家工业发展历史证明，工业领域创新活动活跃，创新产出成效明显，创新应用场景丰富，是创新的主战场。我国要实现新型工业化，就要以科技创新引领产业创新，充分发挥企业创新主体地位，依托链主企业开展链式创新。江苏省发挥链主企业较多优势，推动链主企业不断开放创新资源和生态，加快构建链式创新生态。支持链主企业与高等院校、科研院所共建重点实验室和中试基地，联合不同主体跨区域组建创新联合体，协同中小企业开展创新项目，带动产业链供应链上下游企业融入创新链。例如，江苏盛虹集团有限公司是一家纺织行业的龙头企业，牵头组建了国家先进功能纤维制造业创新中心。依托国家级制造业创新中心，构建了从基础研究、技术开发到中试验证、成果转化的创新链条，聚集了上下游 160 多家高等院校、科研机构和企业，打造了围绕功能材料产业链的创新生态。依托先进制造业集群，如智能电网、软件和信息服务等，发挥集群中链主企业的带动作用和促进结构的织网作用，凝聚集群内的创新资源，围绕集群的主导产业方向开展协同创新。

二是鼎力培育，做好“单打冠军”增量文章。相比链主企业，专精特新“小巨人”企业更加直面市场、也常能最先捕捉到创新发展机遇，拥有大批专精特新企业对发展“四新”经济、竞逐新赛道至关重要，江苏省坚持扩增量、提质量，更高水平培育专精特新企业，印发实施《江苏省专精特新企业培育三年行动计划（2023—2025）》，围绕优质企业梯

度培育、协作配套强链、创新能级提升、质量品牌创优等方面，强化政策支持，引导企业聚焦主业，力争成为“单打冠军”，鼓励企业精耕细作，努力成长为“配套专家”。在政策支持下，培育专精特新企业的成效明显，仅常州市新北区薛家镇，2023 年就新增了 5 家国家级专精特新“小巨人”企业。

三是触网充电，中小微企业驶上成长“快车道”。如果把企业梯队看作是金字塔形，那么链主企业是塔尖，专精特新企业是腰部，数量众多的中小微企业是底座。从支撑产业发展看，链主企业是树干，专精特新企业是主枝，中小微企业是分枝或树叶，枝繁才能叶茂，大中小企业融通发展才是好的企业生态。江苏省推进新型工业化，在发挥链主企业和专精特新企业的主导作用时，注重小微企业的培育。江苏省设立风险资金池，解决中小微企业融资难问题，支持互联网平台企业赋能中小微企业，使制造业中小微企业在“智改数转网联”中实现流程再造，助力中小微企业成长。

## 第三节　困难挑战及政策建议

### 一、困难和挑战

#### （一）资源要素供给紧张、成本上升，产业外流显现

近年来，东部地区面临人工成本上升、能源成本提高、土地供给紧张等问题，中低端制造环节已经丧失了传统的比较优势。在中美贸易摩擦和发达国家“再工业化”政策的影响下，中国高端制造业产业链出现了向发达国家回流的现象。低端制造业产业链主要向东南亚、印度和墨西哥外迁，其中，食品、服装、鞋类和木制品产业链外迁趋势最为明显。同时，高端技术制造业回流至美国、日本和韩国的趋势也明显增强，医药化工行业、机械制造行业及计算机电子产品行业的回流态势逐渐凸显。部分转移为劳动力成本上升引起的正常转移，但越来越多的转移与地缘政治因素相关，具有非正常转移的特征，东部地区产业面临空心化危机，单纯依靠出口和外资的增长模式难以为继。

### （二）产业同质化竞争明显，低端产能过剩

我国东部沿海省份，如环杭州湾区等地，制造业等传统产业聚集，且同类型的企业数量众多。这种同质化现象使企业在产品设计、定价和营销上难以找到差异化竞争的优势，从而使包括光伏等产业在内的诸多新兴产业陷入了恶性竞争的困局。这不仅限制企业利润空间，还加剧市场竞争激烈程度。企业缺乏差异化的产品和技术优势，难以在市场上获得更高的溢价，也难以吸引更多的投资用于技术研发和升级。此外，大量同类型企业聚集在一起，争夺有限的人才、原材料和市场资源，导致资源配置不均衡，产业发展不够协调。由于产业结构单一，一旦遭遇外部环境变化，整个区域的经济都容易受到冲击，缺乏应对风险的能力。

### （三）产业发展实力差异较大，大城市虹吸效应明显

我国东部地区的产业基础差异较大，现代化发展程度各不相同，核心城市凭借雄厚的产业基础，对各类资源造成显著的虹吸效应，进一步拉开与其他城市的差距，导致区域经济发展不平衡不充分。以粤港澳大湾区为例，广州市、深圳市、佛山市、东莞市在先进制造业领域处于领先地位，这些城市拥有完善的产业链条和先进的生产技术，吸引大量资金和人才的流入，形成强大的产业竞争力。而其他城市由于产业基础薄弱，缺乏吸引力，难以形成良好的产业发展环境，导致产业发展相对滞后。以长三角地区为例，一些三线城市缺乏新兴产业招商优势，承接了高耗能和高污染产业，虽然带来了地区生产总值数字上一时的增长，但对自身长期可持续发展和整个地区的产业发展环境不可避免地带来负面影响。

## 二、政策建议

### （一）加快科学统筹规划，推动有效内需扩张

一是规划编制坚持实用性和特色性相结合，充分利用第三方独立规划组织的智库功能，注重不同规划间协同和承接，尤其是和国土空间规划相协调。规划内容涵盖区域所有重要标的，对区域内产业发展相关的重要因子做出系统性安排。二是谋划一批经济效益兼顾社会民生的投资

项目。充分依托国家重大战略，加快推进新兴产业和工业技改项目投资，加大对市政基础设施、棚户区改造等重大项目建设投资。三是培育具有规模效应与品牌效应的下游电商平台、零售企业，与本土数量庞大的上游制造企业联结，形成制造业产业链条。

### （二）坚持创新驱动引领，促进经济提质增效

一是加大跨区域合作力度，推动区域科创走廊建设，推动战略咨询、技术攻关、人才培养和科技成果产业化等方面合作。通过项目延伸合作、产业链共建、产学研用链接、产业联盟融合等方式，打造科技创新联合体。二是扶持自贸区、高新区、科学城、科创园区等重点创新平台高能化、市场化、专业化发展。加大战略性新兴产业应用型科技研发，推进自主创新装备技术产业化。加强热门领域、关键领域、前沿领域的顶尖人才交流与深度合作，打造科创资源开放合作平台和技术转移服务中介平台。三是以超大规模市场优势及完备产业链优势，围绕现有产业集群进一步部署创新链，重点培育先进制造业“隐形冠军”，打造自主可控的先进制造业集群。

### （三）加强要素资源保障，夯实产业发展底座

系统发挥政策引领、资源保障平台赋能、金融助力和人才支撑等资源协同作用。优化知识产权保护机制，综合运用财税等各种政策工具激励企业创新。加快建设城市高能级创新载体，加强产业创新平台和园区创新平台建设。发挥金融工具创新“助推器”作用，设立企业创新专项基金，同时引导社会资本向关键技术领域精准投放，为企业创新提供多元化融资服务。坚持科教融合，提升高等院校科技创新能力和科研机构创新供给能力。强化科技人才队伍建设，发挥城市人才培育和招引优势，优化科技人才结构，构建关键技术领域人才高度集聚生态。推动工业互联网平台建设，深化工业互联网创新应用，助力企业数字化转型。充分发挥开发区、高新区主阵地作用，强化“亩均论英雄”改革导向，不断优化产业空间载体，以提升其对先进制造业发展的承载能力。

### （四）促进融合发展，培育现代服务业新引擎

加快重点领域生产型服务业与制造业融合发展，引领城市产业持续向价值链高端提升。着眼生产型服务业发展趋势和城市比较优势，围绕产业结构转型升级和新旧动能平稳接续，开展两业融合发展示范企业培育工作，强化龙头示范企业引领，激活生产型服务业市场活力。开展生产型服务业集聚示范区建设，以集聚发展持续提升配套服务体系。强化大数据、工业互联网、人工智能等新信息技术在两业融合中应用，全面提升信息服务、现代物流、研发设计和检验检测等生产型服务业供给能力和发展水平。依托重点领域和关键环节融合项目建设，发挥政策、金融、智库等单位能力，持续探索可复制推广的融合发展新模式、新路径，实现城市服务能力和制造业营商环境的全面提升。

# 第三章 中部地区

## 第一节　2023 年中部地区新型工业化基本情况

### 一、工业经济整体发展强劲

2023 年，中部地区工业经济整体发展呈现出强劲的态势，成为全国工业增长的重要引擎。中部地区各省份全年实现地区生产总值 269897.7 亿元，占全国比重为21.4%，同比增长4.9%，增速高于西部地区和东北地区。其中，河南省、湖北省、湖南省地区生产总值均迈过 5 万亿元大关，全部进入全国前 10 位。中部地区各省规模以上工业增加值增速均不低于全国增速（4.6%），呈现稳中向好的态势。其中，安徽省在装备制造业强势增长下（13.3%），带动规模以上工业增加值比 2022 年增长 7.5%，位列中部地区首位。中部地区制造业增加值达到 6.8 万亿元，规模约占全国的 1/5。中部地区国家级高新区达到 49 个，占全国总数的 28.0%；国家级战略性新兴产业集群和国家先进制造业集群占全国比重分别为 27.3%和 17.8%。

### 二、科技创新激发产业创新活力

中部地区研发投入逐年增加，研发投入强度稳步提高，2023 年，湖北省（1254 亿元）、湖南省（1175 亿元）、安徽省（1152 亿元）、河南省（1143 亿元）R&D 经费均超千亿元，位列全国第 7、9、10、11 位。其中，安徽省依托中国科学技术大学不断汇聚科创资源、孵化创新成果，如“墨子号”实验卫星、“九章”量子计算原型机等一大批重大原创成果不断涌现，成为全国唯一实现创新型省份、自主创新示范区、全面创新改革、综合性国家科学中心“全覆盖”的省份。2023 年，中部地区已建成 70 家全国重点实验室，培育了智能语音、轨道交通等优势领域国家先进制造业集群 8 个。中部地区拥有高新技术企业 8.3 万家，占全国总数的 21.0%；进入工业和信息化部五批专精特新“小巨人”企业 2681 家，占全国总数的 21.0%；2023 年度中部地区全国科技型中小企业入库 144988 家，占全国总数的 26.0%。

## 三、重点产业链韧性增强

中部地区致力于加强主导产业的产业链整合，采取产业链定向招商策略，强化产业链优势领域发展，同时着力解决产业链薄弱问题。安徽省采取一系列创新招商策略，如平台招商、基金招商、场景招商等，取得了积极成效。2023 年 1—10 月，该省吸引的省外资金达到 11331.5 亿元，同比增长了 5.4%。此外，产业链的领头企业在增强产业链弹性及推动协同创新方面发挥了关键作用。例如，中联重科股份有限公司、三一重工股份有限公司等领军企业将自我创新转化为产业优势，并促使产业链上下游企业共同创新，形成了紧密的创新联盟。湖北省在产业链的纵向整合和横向扩展方面，实施了“链长+链主+链创”的三链合作模式，推动新能源与智能网联汽车产业链发展，并在 2023 年实现了汽车制造与服务产业的营业收入超过 8000 亿元。

## 四、平台和园区建设提质增效

中部地区将产业功能区的建设视为提升产业高质量发展的关键途径。湖南省、湖北省、安徽省和江西省着力提升产业转移平台的建设水平，使得承接产业转移示范区成为促进国内外产业聚集的主要平台。与此同时，河南省和江西省积极推动内陆经济开放平台的建设，积极探索新型的开放经济体系。河南省将郑州航空港经济综合实验区定位为内陆开放的核心区域和共同建设“一带一路”的关键战略节点。截至 2023 年，郑州机场的全货机航线达到 49 条，中欧班列运行总数超过了 1 万列，

郑州新郑综合保税区的进出口总量在全国名列前茅。在推动产业园区的转型和升级进程中，安徽省依据“标准地”政策对国家级开发区的产业用地进行出让；湖南省大力实施“五好”园区建设；河南省执行开发区“三化三制”改革计划；江西省通过深化管理体系改革，实现了开发区管理机构的精简化，精简率达 40.6%。

### 五、高端化、智能化、绿色化发展势头明显

在高端化方面，中部地区的传统产业和新兴产业稳步推进高端化发展，对产业结构进行深度调整和优化升级，积极推进重点领域的技术改造和设备更新项目，取得显著成果。中部地区在光电信息、新能源汽车等领域竞争优势明显，打造了一批具有区域特色的企业。在智能化方面，中部地区产业数字化转型进入全面迸发状态，企业上云、智能工厂建设等数字化行动广泛赋能制造业企业。2023 年，湖北省工业企业上云覆盖率近 50.0%，河南省工业数字经济渗透率超 20.0%。在绿色化方面，中部地区工业用能效率持续提高，2012 年至今规模以上工业单位增加值能耗累计下降近五成。工业用能结构持续优化，绿电交易成交量不断攀升，煤炭清洁高效利用稳步推进。例如，山西省 2023 年发电量 4461.0 亿千瓦时，其中，可再生能源发电量 892.1 亿千瓦时，比 2022 年增长 17.9%。绿色低碳产品供给持续加强，例如，安徽省新能源汽车产量 86.8 万辆、增长 60.5%，光伏制造业营业收入超 2900.0 亿元、升至全国第 3 位，锂离子电池制造业营业收入突破 1000.0 亿元、增长 15.0%左右。

## 第二节　典型经验做法

### 一、河南省郑州市

#### （一）实施换道领跑战略，建设现代产业体系

郑州市出台了《郑州市实施换道领跑战略行动计划方案》，实施创新驱动等 8 项行动，加快建设“1566”产业体系。一是加快新兴产业发展。打造电子信息“1 号产业”，发展新能源及智能网联汽车、高端装备、新材料、生物医药、节能环保等 5 个新兴产业。2023 年 1—9 月，

全市战略性新兴产业工业增加值增长 11.8%，占全市规模以上工业增加值的比重达 50.4%。推进“芯、屏、网、端、器、用”全链条发展，电子信息产业集群规模 6500 亿元，是全球最大的苹果手机生产基地。推进 4 个新能源汽车产业园建设，成功举办中国（郑州）国际智能网联汽车大赛。筹建郑州“钻石城”，打造世界培育钻石推广交易中心。二是推进传统产业转型。加快传统汽车、装备制造、铝工业、食品制造、服装家居、耐材建材等 6 个优势产业转型发展。汽车集群规模达 1300 亿元，产能 161 万辆。铝加工集群规模达到 1600 亿元，是长江以北最大的铝板带箔加工生产基地。食品集群规模达到 1000 亿元，是全国最大的速冻食品生产、研发基地。持续开展“亩均论英雄”综合评价，每年 9000 余家工业企业参与评价，倒逼企业转型升级。三是前瞻布局未来产业。前瞻布局氢能与储能、量子信息、类脑智能、未来网络、虚拟现实、区块链等未来产业。郑州市获批燃料电池汽车示范城市群，大力推进加氢站建设，加快车辆推广应用。获批国家新一代人工智能创新发展试验区，认定人工智能标杆企业 18 家、典型应用场景 5 个。积极创建国家元宇宙创新应用先导区、国家区块链发展先导区，筹备元宇宙产业发展大会。

### （二）推进产业基础高级化，加快产业链现代化

一是加快重点产业链建设。郑州市重点发展 14 条产业链，分别由市级领导担任链长。建立“1+6+14”组织架构（1 个市链长办、6 个助企强链工作专班、14 个产业链专班）。制定产业链发展三年行动计划，建立“一链一专班一研发机构一图八清单”机制，链长逐月调度重点工作，适时召开联席工作会议协调解决重大问题。二是实施产业基础再造工程。瞄准“五基”重点领域，支持企业推进强基项目建设，郑州机械研究所有限公司齿轮强度与可靠性试验检测技术基础公共服务平台等 4 个项目入选国家强基工程；33 个项目入选省“五基”专项，占全省总数的 28%。三是加快产业园区建设。深化“三化三制”改革，加快推进 17 家开发区建设，截至 2022 年年底，开发区“四上”企业 3799 家，占全市“四上”企业的 29.3%。高标准推动小微企业园建设，重点监测小微企业园 159 个，入园企业达到 7761 家。

### （三）实施创新驱动发展，提升制造业创新能力

一是大力推进“设计河南”。高质量编制《郑州市打造设计之都规划（2023—2035）》《郑州市建设“设计河南”先行区打造设计之都行动计划（2023—2025）》等，开展设计河南暨工业设计专题对接活动，提升工业设计支撑水平。二是加快创新平台建设。出台《郑州市支持产业研究院建设实施方案》《郑州市产业研究院管理办法（试行）》等政策，加强平台培育，共建成国家级工业设计中心 2 家、省级工业设计中心 57 家，省级产业研究院 9 家，省级制造业创新中心（培育单位）8 家，国家级企业技术中心 30 家、省级企业技术中心 392 家。2023 年，新培育省级制造业单项冠军企业 32 家、河南省质量标杆 8 家、郑州市质量标杆 20 家。三是促进产学研合作。组织开展院士中原科技行活动，邀请中国科学院、中国工程院 8 位院士对新能源汽车、生物医药产业问诊把脉。组织 55 家企业与工业和信息化部 7 所部属高等院校开展产学研专题对接，推进筑友智造科技投资有限公司与哈尔滨工业大学签约装配式建筑全产业链关键核心技术研发与应用等多个科研合作项目，组织企业与郑州大学等本地高等院校、哈尔滨工业大学郑州研究院等新型研发机构开展产学研合作。2023 年 1—9 月，全市高技术产业增加值增长 11.1%，占全市规模以上工业增加值的比重达 36.5%，对规模以上工业的贡献度达 43.3%。

### （四）实施数字赋能，推动“智改数转”

一是加快新型基础设施建设。建成国家超算郑州中心和 4 个超大型数据中心，建成 5G 基站 4.7 万个。培育省级工业互联网平台 15 家，新增两家国家级工业互联网“双跨”平台，开发上线工业 App 1200 个，服务企业 3.3 万余家，连接设备 630 余万台。二是以点带面引领行业智能化改造。编制 4 个行业智能制造发展指南，依托智能制造评估评价公共服务平台开展企业诊断服务，指导企业开展“设备换芯、生产换线、机器换人”，累计建成国家级服务型制造示范企业（项目、平台）15 个、新信息技术与制造业融合发展示范企业 5 个，省级智能工厂（车间）180 个。三是实施“万企上云”行动。成功入围首批国家中小企业数字化转型城市试点，新型耐火材料制造等 4 个行业参与试点。鼓励企业上云上平台，支持云服务商开发推广符合郑州产业特点的“小快轻准”（小型化、快速化、轻量化、精准化）云产品，满足不同企业不同层次的上云需求，全市上云企业累计超过 7 万家。

### （五）强化企业培育，推动大中小企业融通发展

一是大力弘扬企业家精神。以地方立法形式将每年 11 月 1 日设立为“郑州企业家日”。出台《关于支持民营经济高质量发展的实施意见》，破解民营经济难题，促进“两个健康”。出台《郑州市优秀企业家评选奖励办法》，首批评选表彰 43 名优秀企业家。实施企业家领航计划，评选发布 1082 名企业家培养名录，累计培训企业家 3000 余人次。二是培育引领型龙头企业。鼓励领军型企业强强联合、兼并重组。2022 年，超百亿企业达到 17 家，两家企业上榜独角兽企业名单，入选省头雁企业 17 家；2023 年评选首届“链主”企业 62 家。三是培育优质中小企业。出台支持高技术、高成长、高附加值（以下简称“三高”）企业、支持专精特新中小企业等政策，累计培育“三高”企业 4106 家、专精特新企业 3554 家、国家制造业单项冠军企业（产品）11 家、全球“灯塔工厂”两家。四是推动大中小企业协同。组织 3703 家企业入驻“郑好有”平台，开展常态化线上产销对接，通过采购或委托加工方式，引导中小企业融入“链主”企业产业链供应体系。

## 二、江西省鹰潭市

### （一）创新动能更加强劲

一是科技研发投入持续加大。实施工业创新券政策。以“企业点题、机构解题、政府买单”模式，对实施产品研发、技术提升、装备自主升级的企业予以支持。工业创新券实施以来，累计立项工业创新券项目 150 个，发放额度超 2 亿元，撬动企业创新投入超 10 亿元，制定《鹰潭市工业创新发展专项贷款实施方案》，创新设立“工创贷”产品，实现政银企联动、市区协同，以 1∶10 比例撬动银行信贷资金投向工业创新领域，有效缓解了企业实施产业化资金不足的难题，累计发放信贷资

金 1.5 亿元，推动 9 个产业化项目落地建设，预计投产后，可新增营业收入超 100 亿元。2023 年，15 家企业获批国家知识产权优势企业，5 个产品获评第三届“赣出精品”。全市研发投入占地区生产总值比重达 2.1%、位列全省第 1 位，全市综合科技创新水平指数为 74.1%、位列全省第 3 位。二是大力实施技术改造。连续两年制定出台了《推动工业企业新一轮技术改造行动方案》，编制《鹰潭市工业企业技术改造投资指南》，明确了以高端化、智能化、绿色化为主要方向，为工业企业实施技术改造行动指明路径，持续激发企业技改内生动力，企业由“不想改”转变为“我要改”。建立重点技改项目市区联动推动工作机制，市委、市政府主要领导带队每季度开展重点项目现场推进会议，形成上下合力，部门协力，共同营造推动技术改造项目建设“比学赶超”的良好氛围。2023 年，滚动实施 191 个技改项目，完工投产率为 62.8%，一批企业增资扩产、产品迭代、技术革新，实现利润同比增长 106.2%。全市工业投资同比增长 2.9%、位列全省第 1 位，技改投资同比增长 10.7%、位列全省第 2 位。

### （二）数智赋能更加有力

对标江西省制造业数字化转型行动计划，按照“1+2”产业结构布局，制定《鹰潭市推进制造业数字化转型三年行动方案（2022—2024）》《鹰潭市制造业数字化转型行动计划（2024—2025 年）》，分行业制定数字化转型路线图，力争两年内培育数字化转型标杆企业 160 家以上，实现规模以上工业企业“智改数转网联”全覆盖。一是企业数字化转型全面加速。以诊断促改造，按照“政府引导、平台支撑、市场运作、系统推进”的思路，分级分类完成 300 多家企业数字化转型需求及目标深度调研。鼓励企业对标国家标准，全市 113 家企业通过国家两化融合贯标（AA 级 10 家），66 家企业通过国家智能制造能力成熟度评价二级及以上标准（三级 10 家）。以改造促示范，围绕主导产业，推动新信息技术与制造业深度融合，率先在龙头企业开展数字化、智能化深度改造，打造细分行业标杆，带动上下游企业复制推广。2023 年，江西中易微连新材料科技有限公司获批工业和信息化部智能制造示范工厂揭榜单位，4 家企业获批工业和信息化部智能制造优秀场景，5 家企业获评省级智能制造标杆，全市省级两化融合示范企业累计 84 家，全市数字化集成提升企业占比达 40.5%、位列全省第 1 位，贵溪市、鹰潭市高新区分别获首批省级中小企业和产业集群数字化转型试点。二是工业互联网建设取得成效。2021 年，鹰潭市获批建设全国有色行业唯一的工业互联网标识二级节点。为推动二级节点规模化应用，鹰潭市以二级节点为核心开发了轻量化 SAAS 级铜都工业互联网平台，推动企业核心设备和系统上云上平台，全市累计上云企业突破 2.4 万家，努力为企业提供轻量级数字化转型解决方案，打造了 8 个二级节点标识解析创新应用，接入企业达 300 家。2023 年，新增两个国家级工业互联网试点示范，占全省比重为 22%；贵溪冶炼厂、三川智慧科技股份有限公司分别获评第六届“绽放杯”5G 应用征集大赛全国总决赛三等奖、5G+先进制造专题赛全国一等奖；鹰潭高新区获批省级 5G+工业互联网示范区。

### （三）绿色发展成效明显

持续推进工业领域碳达峰行动，鹰潭市在全省率先实现省级绿色园区全覆盖。2023 年，鹰潭高新区获评国家级绿色园区，贵溪冶炼厂获评国家级重点用能行业能效“领跑者”，新增国家级绿色工厂 10 家、累计 15 家，新增省级绿色工厂 15 家、累计 26 家。近年来，全市规模以上企业单位工业增加值能耗实现持续下降，2023 年下降幅度达 9.5%，其中，铜企业单位能耗下降 12.5%，有色行业一般工业固体废弃物综合利用率达 98.0%。

### （四）转型金融试点成效显著

鹰潭市在全省率先创新铜供应链金融模式，创设“铜票通”再贴现产品、“03 专项贷”、“知识产权质押贷”等产品，设立 1 亿元工业创新券、10 亿元工创贷等“金融工具包”全力支持企业产品创新、技术升级、装备迭代，精准支持各类企业高质量发展需求，鹰潭市列入全省首批转型金融试点地区。政府出台《鹰潭市先进铜功能材料转型金融试点方案》《鹰潭市强化金融支持民营企业发展行动方案》，发布全国首个《铜产业转型金融支持项目目录》，设立 50 亿元的现代产业引导基金，建设运营铜产业碳排放监测平台，创设“绿碳挂钩贷”“再生铜绿园贷”

“转型升级贷”等产品，积极探索金融支持产业转型的新路径。截至2023年年底，全市贷款余额增长21.6%，制造业贷款余额增长35.7%，增速均居全省第1位，其中，铜产业贷款余额增长25.3%，铜产业占全市制造业贷款比重达86.2%。2023年全市10家国有铜供应链平台累计为117家铜企业提供675.6亿元资金支持，覆盖全市近50%铜企业。

#### （五）营商环境软实力不断增强

深入推进营商环境“一号改革工程”，不断转变理念、创新思路、深化改革、担当服务，形成了“一网通办”“一窗综办”“一键出证”行政审批模式，市区同权改革、审管联动、“十五分钟政务服务圈”等特色做法，打响了“鹰办尽办”的营商环境品牌。深入实施产业链链长制，建立产业链政企圆桌会议制度，建立健全市、区两级特派员帮扶机制，开展企业特派员“大走访”活动，选派483名企业特派员，实现规模以上企业全覆盖。针对企业用工难题，健全就业服务体系，加强动态监测，推进“智慧就业”试点建设与运用，全面推行以企校双师联合培养为重点的企业新型学徒制。在全省率先启动市场化运作知识产权维权互助基金，提升企业维权能力和降低维权成本。高质量完成营商环境立法工作，开展优化法治化营商环境雳剑护航专项行动。

## 第三节　困难挑战及政策建议

### 一、困难和挑战

#### （一）产业结构的单一与转型升级要素的缺失

中部地区的经济发展长期依赖重工业、能源和原材料产业，这些产业不仅高耗能、高污染，还面临全球经济结构调整和国内经济新常态下的严峻挑战。这种单一的产业结构限制了地区经济的持续增长能力的提升，并在全球竞争中处于不利位置。首先，环境污染和资源过度消耗问题日益严重。这些产业的生产活动释放大量污染物，对生态环境造成重大负担，同时，对自然资源的大量需求加剧了资源枯竭的风险。其次，这些传统产业技术含量普遍不高，随着全球产业升级和技术标准的提高，这些行业的产品和服务在国际市场上的竞争力逐渐减弱。这种情况加剧了对外依赖度和市场波动的风险，经济的波动性和不确定性增大。此外，随着经济发展新常态的到来，需求结构和市场环境正在发生变化，中部地区的传统产业亟须调整升级以适应新的市场需求。然而，传统产业在转型升级过程中可能遇到技术壁垒、资本积累不足、人才缺乏等多重挑战，这些因素共同制约了地区经济的快速和健康发展。

### （二）创新能力不足限制发展

中部地区在科技创新方面面临的挑战，进一步凸显了其在新型工业化进程中的发展瓶颈。尽管该地区拥有一定数量的高等学校和科研机构，但相较于经济更发达的东部地区，中部地区在高新技术企业的数量和质量上仍显不足。中部地区的高科技企业不仅在规模上难以与东部地区的巨头企业竞争，而且在创新能力上也相对较弱，很难形成具有行业影响力的领先技术或产品。在科研成果转化方面，中部地区同样面临诸多挑战。相对低效的科研成果转化机制，意味着即便是具有潜力的研究也难以迅速转化为商业产品。此外，中部地区在原始创新和关键核心技术的研发上投入不足，这导致了对外部技术的依赖，限制了产业的自主可控发展能力。核心技术的缺乏是制约中部地区发展的另一大障碍。核心技术通常是企业乃至国家竞争力的重要标志，中部地区在这一领域的不足，使其难以在高端制造业和国际市场竞争中占据有利地位。同时，自主品牌的缺乏意味着在品牌效应和产品附加值方面，中部地区同样难以与一线城市的企业抗衡。

### （三）严重的人才流失问题

中部地区的人才流失问题尤为严重，这不仅阻碍了当地经济的持续健康发展，而且还削弱了中部地区在科技创新和产业升级中的能力。一方面，中部地区存在高层次人才大量外流问题。许多教育水平较高、技术能力较强的专业人才，受到东部沿海地区和一线城市更高的薪资待遇、更优越的生活条件，以及更广阔的职业发展空间的吸引，纷纷离开中部地区。这种高层次人才外流直接导致了中部地区在高端行业和关键领域的人才短缺，严重影响了其技术创新能力的提升。另一方面，中部地区内部高等教育资源虽然丰富，但面临着高等院校毕业生留存率不高的问题。许多高等院校毕业生在完成学业后，也倾向于前往一线城市寻求更好的就业机会，这种现象进一步加剧了人才的流失。

### （四）基础设施及物流体系发展滞后

虽然中部地区在基础设施建设上投入了大量资源，但与沿海经济发达地区相比，其在工业基础设施和物流体系方面投入仍显不足。这种落后表现在多个方面，一是工业运输网络的不完善。由于公路、铁路的覆盖不全和运输能力不足，以及航运和航空网络的限制，致使原材料和成品的运输效率远低于理想水平，这不仅增加了生产的前置时间，也提高了生产成本。二是在物流体系方面，尤其是在仓储和配送能力方面，中部地区的设施往往现代化水平较低，物流信息系统智能化程度不足。这直接影响了企业采购、生产和销售的及时性，制约了产业链的高效运作。三是信息化基础设施的滞后使得企业难以实现生产自动化和信息流、物流、资金流的无缝对接，降低了工业生产的灵活性和市场的快速反应能力。

对企业来说，基础设施和物流体系的发展滞后意味着更高的生产和运营成本，这在很大程度上削弱了其在国内外市场的竞争力。而这些问题，同样影响着外部投资者的判断，他们倾向于选择那些具有成熟工业基础设施和高效物流体系的地区进行投资。

## 二、政策建议

### （一）多元化产业结构，推动高端制造业发展

一是促进工业结构调整与优化。中部地区应根据自身资源和区位优势，有选择地发展特色鲜明的工业基地和产业集群。重点发展装备制造、新材料、食品加工等产业，同时积极引导传统产业向智能化、绿色化方向转型。通过政策扶持，鼓励企业提高自主创新能力，加大研发投入，提升产业链的核心竞争力。二是加强技术改造和创新驱动。中部地区应加大对工业企业技术改造的支持力度，鼓励企业引进先进的生产技术和

设备，提高自动化、智能化水平。同时，建立健全产学研合作机制，通过政策引导和资金支持，推动高等院校、研究机构与企业之间的技术研发合作，促进科研成果转化，推动产业向高端化发展。加强知识产权保护，营造良好的创新环境。三是推动产业链整合与区域协同发展。中部地区应充分利用其地理、资源和产业优势，加快产业链上下游的整合和区域间的协同发展。通过优化产业布局和加强基础设施建设，提升产业链的整体效率和竞争力。推动跨地区产业联盟和技术联盟的建立，促进产业资源和信息共享，加快形成具有国内外竞争力的产业集群。加大对关键领域和薄弱环节的扶持力度，提升产业链的完整性和稳定性。

### （二）坚持创新驱动引领，促进经济提质增效

一是加强科研机构支持。政府应增加对科研机构的财政投入和政策支持，特别是在基础研究和应用研究领域。通过提供研发资金、税收优惠和人才引进等措施，激励科研机构加强对新材料、新能源、信息技术等前沿领域的探索和研究。加大对原始创新和关键核心技术攻关的支持力度，提升自主创新能力和科技成果转化效率。二是建立区域性创新平台。在中部地区推动建立一批区域性创新平台和技术转移机构，为中小企业提供技术研发、成果转化、人才培训等全方位服务，帮助中小企业提升自主创新能力和市场竞争力。三是优化创新环境。加强科技金融服务供给，增加对初创企业和创新项目的投融资支持，简化科研项目审批和资金拨付程序，提高资金使用效率。

### （三）强化要素资源保障机制，打造产业发展基础平台

实施政策指导、资源保障平台赋能、金融支持和人才驱动的资源整合策略。完善知识产权保护体系，全方位运用财政和税收等政策工具激发企业创新活力。加速推进城市高能级创新载体的建设，增强产业创新平台与园区创新平台的建设力度。利用金融工具创新的“助推器”功能，成立企业创新专项基金，并引导社会资本精确投资于关键技术领域，为

企业创新提供多样化的融资服务。坚持科学与教育的融合，增强高等院校的科技创新能力和科研机构的创新供应能力。加强科技人才队伍的建设，利用城市的人才培育和招聘优势，完善科技人才结构，并构筑关键技术领域人才的集聚生态。推动工业互联网平台的建设，深化工业互联网的创新应用，支持企业在数字化转型方面的努力。充分利用开发区和高新区的核心作用，加强“亩均论英雄”的改革方向，持续提升产业空间载体，增强对先进制造业发展的支撑能力。

# 第四章 西部地区

## 第一节　2023 年西部地区新型工业化基本情况

### 一、工业经济整体增长迅速

2023 年，西部地区工业经济发展呈现显著的活力，是推动全国工业增长的一股不可忽视的力量。西部各省份全年实现地区生产总值 269324.8 亿元，占全国比重的 21.4%，呈现稳健的增长趋势。地区生产总值增长率保持了较高水平，除贵州省、云南省外，西部地区每个省份地区生产总值增速均超过 5.0%。其中，四川省地区生产总值突破 6 万亿元，重庆市地区生产总值突破 3 万亿元，增速均保持在 6.0% 以上。西部地区各省工业发展迅速。其中，2023 年四川省规模以上工业增加值约为 1.7 万亿元，比 2022 年增长 6.1%，41 个行业大类中有 25 个行业工业增加值实现增长；陕西省制定实施 8 个重点行业稳增长工作方案，出台力促工业经济企稳回升若干措施，有力支持汽车、电子、装备、化工、消费品 5 个行业稳产增产，全年规模以上工业增加值同比增长 5.0%，高于全国平均水平 0.4 个百分点。

### 二、科技创新成果不断涌现

以四川省、陕西省、重庆市为代表的西部地区重点省市创新成果不断涌现。其中，2023 年陕西省技术合同成交额为 4120.8 亿元，同比增长 35.0%；入库科技型中小企业 2.2 万家，同比增长 37.0%；全省新增

A股上市科技企业7家；在2023年中国十大科技进展新闻中陕西省参与的就有5项；据国家统计局、国家发展和改革委员会、中央组织部联合发布的各省高质量发展综合绩效评价结果，2023年陕西省高质量发展总指数较2022年提升了1.3分，其中，创新指数较2022年增长0.6分，是高质量发展贡献最大的领域。四川省坚持以科技创新推动产业发展，一批重大关键技术攻关和成果产业化取得突破。西部地区唯一的国家实验室开工建设并当年封顶；新获批2家全国重点实验室，13家全国重点实验室、30家省重点实验室完成重组，首批4家天府实验室实体化运行；国家川藏铁路技术创新中心建成并投入使用，国家高端航空装备技术创新中心、全国先进技术成果西部转化中心揭牌运行，世界最深暗物质实验室锦屏深地实验室二期投入科学运行，稻城高海拔宇宙线观测站通过国家验收，新一代人造太阳“中国环流三号”入选十大超级工程。

## 三、现代化产业体系建设成效明显

西部地区依托向西开放的区位优势、自身资源禀赋，加快承接东中部地区产业转移，不断夯实国家产业链供应链安全基础，加快建设具有地方特色的现代化产业体系。例如，新疆以项目建设、政策制定、资金落实为抓手，加快培育壮大特色优势产业，专门研究编制培育发展自治区特色优势产业集群的指导意见、“八大产业集群”行动计划、36个重点产业链实施方案和自治区实施省级领导联系重点产业集群产业链工作方案，进一步建立完善产业集群“1+8+36+1”政策体系。广西省深入实施工业强桂战略、工业振兴三年行动、传统产业提层次强实力行动，打造形成了10个千亿元级工业产业集群、4个千亿元园区和一批现代服务业聚集区，糖、铝、汽车、机械、冶金等产业在全国形成了较强竞争力，为广西省构建现代化产业体系筑牢了根基。陕西省加快构建现代化产业体系培育发展新质生产力，聚焦光子、新材料、氢能储能、航空航天、现代能源、旱区农业等领域，将培育建设20个左右省级秦创原未来（新兴、特色）产业创新聚集区；建立“省市县园”多级联动机制，“一区一策”倾斜布局平台、项目、人才、金融、服务等资源，构建贯通“科研—中试验证—孵化—产业应用”链条的产业创新“小生态”，打造一批以秦创原产业创新聚集区为核心的产业集群。

## 四、重点产业加快高端化、智能化、绿色化

西部地区以推进新型工业化为契机，锚定产业高端化、智能化、绿色化发展方向，加快推动产业转型升级。例如，广西省扎实做好产业结构调整“原字号”“老字号”“新字号”“外字号”四篇大文章，强龙头、壮产业、聚集群，推动产业优化升级。明确 18 条重点产业链的补链强链延链切入点和突破口，为各地各部门落地项目、招商引资、配置资源等提供指引，推动产业错位发展。制定实施传统产业转型升级、新兴产业倍增等专项行动方案，推进补链强链延链项目，有效填平补齐产业链薄弱环节，做大一批产业集群。钢铁、有色、石化等产业有效延伸了下游企业精深加工，汽车产业补强“三电”系统、自动变速箱等关键配套，电子信息产业补强光学、新型显示器件等高端元器件；新材料、新能源汽车等产业快速形成产业生态。甘肃省印发《甘肃省高端化智能化绿色化改造推进传统产业转型升级实施方案（2023—2025 年）》，紧紧围绕强龙头、补链条、聚集群，以实施强工业行动为牵引，持续打好产业基础高级化、产业链现代化攻坚战，加快产业结构升级、技术路径创新、发展模式优化，不断提升产业链供应链韧性和安全水平，形成更具竞争力的产业格局。

## 五、投资营商环境持续优化

2023 年，西部地区工业企业营商环境呈现持续优化的趋势。例如，广西省坚持以环境为本，加快打造国内国际双循环市场经营便利地，努力实现投资贸易、生产制造、资金流动、人员往来等全方位、全过程便利化，打造一流营商环境；建立工业振兴特派员服务机制，坚持有求必应、无事不扰，服务企业、项目和园区，创新做法获得国务院督查组的激励和表扬。常态化开展实体经济调研服务，自治区党委、政府主要领导牵头抓总、四家班子领导分片包干、蹲点服务 14 个市，部门协同、市县主动，深入企业生产、项目建设一线调研，协调解决困难问题；自治区党委、政府出台壮大实体经济推动高质量发展意见和 64 条政策措施，着力解决项目审查审批、要素保障，以及物流服务等 8 大共性问题，

努力实现“三升两去三消减”目标。构建完善梯度培育企业的政策措施、服务体系，畅通政企常态化沟通渠道，完善对“小升规”、新建上规、规模以上企业的联系服务及临退库企业监测的政策体系，改善工业企业发展环境。

陕西省借鉴国家营商环境评价方法，委托第三方对省内各市区开展评价，全省营商环境便利度达到 87.6 分，连续两年上升；企业开办、不动产登记、纳税等核心指标分别达到 1 个工作日、2.5 个工作日和 68 小时；以政务服务“综合窗口”“十五分钟政务服务圈”“楼小二”“周末不打烊”“坐窗口、走流程、跟执法”活动，以及“办不成事”反映窗口等为代表的政务服务改革，全面实现线上线下多渠道办理，助推“高效办成一件事”，切实提升了企业群众办事体验感和舒适度。

## 第二节　典型经验做法

### 一、甘肃省嘉峪关市

近年来，嘉峪关市按照“分行业、抓龙头、树典型、重引导、全覆盖”的思路，以产业高端化、智能化、绿色化为突破，制造业整体呈现“质效稳步提升、结构持续优化、园区支撑作用增强、创新引领凸显”的良好局面。

#### （一）固本强基促发展，制造业再上新台阶

嘉峪关市是 120 个老工业城市之一，制造业是嘉峪关市的立市之本、强市之基。近年来，嘉峪关市坚持工业强市、产业兴市不动摇，大力提升传统产业、壮大新兴产业、布局未来产业，制造业发展呈现“稳”的基础更加巩固、“进”的步伐持续加快，实现了从“一钢独大”到多业并举的转变，推动制造业向更高领域攀登。嘉峪关市工业固定资产投资连续 3 年平均增长率超过 65%，2023 年位列全省第 2 位，规模以上工业增加值增速连续 16 个月保持 9%以上，工业增加值对全市地区生产总值的贡献率五年来始终保持在 60%以上。2023 年，全市制造业增加值达到 225 亿元，增速 9%，占全部工业增加值的 93%，在全省“强工业”考核中嘉峪关市位列第 2 位，制造业高质量发展态势持续巩固。

### （二）创新引领提质量，产业结构持续优化

嘉峪关市立足资源禀赋、比较优势和配套能力，以“提质增效、转型升级”为主攻方向，全力推动产业结构优化升级。坚持把产城融合、地企协作作为制造业发展的重要抓手，加强与酒钢集团、中核四〇四全面深化合作，重点做精做强钢、铝、核、新能源等产业，带动产业链相关配套产业发展。坚持把“强科技”嵌入“强工业”作为重要引领，推动钢、铝优势产业做大做强、提质增效。嘉峪关市是西北最大的钢铁生产基地，铝产业已形成了从上游氧化铝到中游电解铝，再到下游铝制品加工的完整产业链。嘉峪关市坚持把新能源及装备作为产业提质增效的重要路径，以产业闭环为目标做优新能源产业，围绕构建“多能互补”“源网荷储”一体化绿色能源体系，统筹发展光伏、储能、新能源电池和绿色高载能等配套产业，形成了从光伏支架、光伏组件、储能电池到发电站、绿色冶金有色产业的全链条产业闭环，嘉西光伏产业园被列为全省 7 个百万千瓦级光伏发电基地之一。

### （三）创新驱动激活力，科技创新全面提速

嘉峪关市坚持把科技创新作为引领高质量发展的“新引擎”，加快培育和发展新质生产力。积极衔接省内外知名院校、科研院所等，通过院校合作“借智引智”，提升企业创新能力，探索“延链”“补链”“强链”，促进产业链做大做强做精。强化人才评价激励措施，以“人才+项目”“人才+基地”“人才+产业”的形式组织企业开展重点人才项目，鼓励企业发挥人才技能优势，为强化研发力量、推动成果转化奠定了基础。截至 2024 年 9 月，嘉峪关市拥有高价值发明专利 143 件，技术合同认定登记金额 18.8 亿元，高新技术企业 60 家，省级科技创新型企业 85 家，科技型中小企业 130 家。2023 年，嘉峪关市研发经费支出 4.4 亿元，有研发活动的规模以上工业企业占比 22.2%，全市综合科技进步水平指数达到 73.3%，全省排名跃升至第 2 位，创历史新高，4 项重大科技成果荣获“甘肃省科技进步奖”，首次拿到特等奖。

### （四）精准发力赋能量，数实融合成效显著

嘉峪关市以推动数字产业化、产业数字化和全要素数字化为主线，

不断夯实数字经济发展基础，加快促进数字化技术与实体经济特别是制造业深度融合，数字经济发展取得了阶段性成效。持续推动5G等新型数字基础设施建设，建成5G基站1078个，实现主城区和农村三镇5G信号和千兆光纤全覆盖。开展“上云用数赋智”专项行动，推动企业加大研发设计、生产制造等关键环节数字化改造力度。截至2024年9月，已建成国家级5G工厂2个、国家级智能制造优秀场景4个；省级智能化工厂、数字化车间、智能制造优秀场景11个，培育“上云”企业52家。

### （五）提质增效促发展，绿色转型不断深入

嘉峪关市全面贯彻落实“双碳”行动部署，不断加强资源综合利用，加快绿色工业体系、循环经济建设。制定《嘉峪关市完整准确全面贯彻新发展理念做好碳达峰碳中和工作的实施意见》《嘉峪关市碳达峰实施方案》等顶层设计文件，配套出台了能源、工业、科技支撑、减污降碳协同增效、工业园区等多个领域达峰方案和保障方案，逐步构建嘉峪关市碳达峰碳中和政策“1+13”体系。强化能耗“双控”及水资源刚性约束机制，严格执行重点行业能耗限额标准、用水定额标准，推进钢铁、电解铝、水泥、铁合金等重点行业企业实施节能技术改造，进一步促进绿色低碳发展。万元工业增加值能耗较“十三五”末下降16.1%，规模以上工业用水重复利用率达到96.0%以上，实现了经济和环保“双收益”。

### （六）统筹推动抓培育，服务保障提质增效

嘉峪关市坚持把培育企业发展作为增添动能、稳定增长和结构调整的重要举措。持续深化与重点企业的务实合作，形成“以大带小、以小托大”的融通发展格局，龙头企业综合实力稳步提升，引领带动作用不断增强。健全专精特新和“规模以下转规模以上”企业培育库，全市规模以上工业企业较“十三五”末增加18户，培育创新型中小企业50户、省级专精特新中小企业16户。深入开展“优化营商环境攻坚突破年行动”，出台《嘉峪关市优化营商环境实施方案》，健全完善项目落地跟踪管理流程，为企业提供全方位、全流程服务，切实缩短审批时间，保障项目顺利建设。坚持“无事不扰、有事上门”，全面落实“包抓联”“六必访”等制度机制，深入企业送政策、送服务、送信息、送要素，近3

年帮助 120 户企业协调解决重点难点问题 301 件，解决率达到 92.8%。

## 二、陕西省榆林市

榆林市充分发挥土地、资源等优势，强化招商引资，建设产业园区，延伸能化链条，填补本地产业结构单一、创新能力薄弱劣势，推进产业结构向多元化、高端化发展，从挖矿“坑口”转化为高质量发展“高地”，探索资源型城市转型升级的新型工业化模式。

### （一）强化招商引资布局非煤新兴产业

榆林市充分利用能源资本积累的资金优势吸引企业入驻。2019 年以来，榆林市先后印发《榆林市招商引资优惠政策（试行）》《榆林市产业类招商引资优惠政策》《榆林市产业类招商引资优惠政策》等文件，面向高端装备制造、生态环保、现代特色农业、文化旅游、现代服务业，以及数字经济、航空航天、智能无人、新能源汽车、新材料等战略性新兴产业，提供用地、用电、厂房租赁等补贴和固定资产投资、外商投资、产业协作、科技研发转化、引进人才等奖励。一方面，榆林市推动本地煤化工产业高端化、多元化、低碳化发展。一手抓上游基础，一手抓下游补链；一手布局绿色低碳全产业链，一手抓降碳示范。另一方面，榆林市培育发展非煤领域新兴产业。2021 年 6 月，榆林市确定了 19 条重点产业链，明确支持榆林高新区发展新能源装备制造、风电装备制造和能源化工装备制造产业发展。

### （二）以丰富工业用地建设大规模产业园区

榆林市凭借广阔工业用地，积极引进大型项目，建设大型园区，引导产业集群化、跨越式发展。榆林市榆横工业区总规划面积 168 平方千米，当前，已规划了装备制造园、科技创新园、精细化工园、氢能产业园和中试基地等重点园区。一是打造装备制造园。榆林市在高新区规划建设了面积为 10 平方千米的榆横工业区先进装备制造产业园，引进装备制造企业，推动构建先进制造和现代服务示范融合的产业生态，打造就地生产、就地销售、就地服务的格局。二是打造科技创新园。在科技创新园内，围绕本地和周边地区的主导产业发展需求，部署与高等院校合作实验室和研发机构。三是打造精细化工园。在精细化工园内，榆林市重点布局产业用纺织品制造、先进装备制造业、现代物流服务业等。四是打造氢能产业园。榆横工业区已建成大型水电解制氢装备制造车间、燃料电池装备制造车间，以氢能产业带动地区装备制造业跨越式发展。五是打造中试基地。由中国科学院大连化学物理研究所和榆林高新区管委会共同出资成立中科榆林能源技术运营有限责任公司，全面建设、运营榆横综合中试及示范基地，获批陕西省首批支持建设的省级中试基地，加快榆林能源产业转型升级、科技成果转移转化。

### （三）以富饶矿产资源延伸能源化工产业链条

榆林市坚持以煤为主，凭借丰富的煤炭资源，着力打造国内一流的“煤头化尾”全产业链，持续推进能化产业高端化发展。榆林市确立了“12363”煤化工产业高端化发展战略。其中，“1 条主线”是坚持转型升级和高质量发展；“2 条底线”是坚守环保和安全底线；“3 个着力”即着力补齐基础化工短板、提升规模优势，着力引进具有国际竞争力的企业、技术和产品，着力发展化工终端产品加工业；“6 条产业链”包括构建纵向关联、横向耦合、上下游协作配套的煤炭分质利用、煤制甲醇—烯烃及下游、煤制芳烃—乙二醇—聚酯、煤制油、煤基高端化工、氯碱化工 6 条产业链；“3 大目标”是实现从原料向材料转化、从大宗化学品向终端应用品拓展、从产业链中低端向高端迈进 3 大目标。榆林市通过招引行业头部企业，形成引进一个项目、带动一个产业、发展一个集群的集聚效应。当前，已经形成了原煤—兰炭—煤焦油—高端油品、原煤—甲醇—烯烃（芳烃）—合成材料、原煤—煤液化—精细化学品等主要精细化工循环产业链，构建起从矿区到企业的无缝对接循环流程，形成从开采、转化到尾气废渣综合利用的完整产业链。

# 第三节　困难挑战及政策建议

## 一、困难和挑战

### （一）工业化发展滞后

与东部地区相比，西部地区的工业化进程较为滞后。这种滞后不仅表现在工业产值的总量上，还体现在工业结构、技术水平及产业链的完善程度上。由于历史、地理和经济基础等多方面的原因，西部地区的工业基础相对薄弱，高科技产业和现代制造业的比重较低。这种滞后严重制约了西部地区的经济社会发展，使其在全球产业链和价值链中处于较为边缘的位置。

### （二）科技创新能力不足

西部地区由于天然劣势，存在科技创新能力不足、研发经费投入不足、本地创新成果转化率低、传统产业创新水平不高等问题。以西部地区创新能力较强的成都市为例，根据《2022 年成都市科技经费投入统计公报》，2022 年，成都研究与试验发展经费为 733.3 亿元，研究与试验发展经费投入强度为 3.5%，在西部地区名列前茅，引领带动作用明显。但与北京市、上海市、广州市、深圳市等城市相比，投入仍显不足，研发经费总量仅为北京市、上海市、深圳市的 25.8%、37.0%、43.6%。2022 年，成都市万人有效发明专利拥有量为 37.6 件，万人高价值发明专利拥有量为 15.4 件，全年版权授权转化金额超 5000 万元，授权转化率为 29.7%，与上海市、广州市、深圳市等城市相比仍有较大差距。

### （三）资金和信息技术人才缺乏

资金和信息技术人才缺乏是制约西部地区推进新型工业化的关键问题。由于经济发展相对滞后，西部地区的资金储备和人才储备都相对有限。在推进新型工业化的过程中，需要大量的资金投入和高素质的信息技术人才支持。然而，西部地区在这方面的供给明显不足。以西部地区领头羊成都为例，信用担保体系不够完善，中小企业因无法落实担保

而被拒贷的比例较高，面向中小企业的信用担保业发展还难以满足中小企业提升信用能力的需要，政府设立的担保基金规模小，资金实力不够充足，难以得到银行信任。同时，担保品种局限于流动资金，鲜有固定资产更新、技术改造之类的长期贷款担保。《成都市人才开发指引（2023）》显示，2023 年成都市紧缺人才需求呈现新特点、新变化、新趋势，如大数据、人工智能、工业互联网、卫星互联网与卫星应用等“数字发展”领域紧缺人才需求类别和数量持续增长，航空航天、工业无人机、大飞机制造、数控设备等领域研发人才与高技能人才需求“双增加”，智慧城市系统架构师、智慧交通运维工程师、智慧环保方案架构师等专业人才数量紧缺、质量紧缺“双提升”等。

### （四）产业结构偏传统

传统产业占比高、新兴产业发展缓慢是西部地区推进新型工业化面临的一大挑战。西部地区的产业结构以传统产业为主，高科技产业和现代服务业的比重相对较低。这种产业结构不仅限制了西部地区的经济发展潜力，也制约了其在新型工业化进程中的步伐。例如，传统的能源化工产业始终在榆林市产业结构中占据绝对的主导地位，能源开采和紧密关联的化工行业占比高，非能源化工产业支撑不足，导致本地发展受煤价波动影响十分严重。2022 年，在全市工业总产值中，能源化工产业占比高达 93.0%，其中，能源开采洗选占工业总产值 50.0%以上。在全市规模以上工业产值中，能源工业与非能源工业产值占比分别为 83.1%、16.9%，“一煤独大”、产业结构偏传统导致制造业发展长期偏弱。

## 二、政策建议

### （一）坚定不移大抓特抓新型工业化不动摇

推进新型工业化是未来较长时期我国工业发展的主题，是提升西部地区工业现代化水平的根本路径。要准确把握新型工业化战略部署，坚决扛起新型工业化的历史使命，立足阶段、发挥优势、解决痛点、走出特色，在全国新型工业化全局中积极主动谋势占位。壮大主导产业、做强特色产业、培育新产业新赛道，突出数字技术融合赋能，加快高端化、智能化、绿色化转型，加强党的全面领导、汇聚强大合力，坚定信心、乘势而上，引领打造全国高质量发展新的重要增长极。

### （二）加快企业梯度培育

做强优势链主企业，打造一批创新力优、竞争力强、引领力大、影响力广、治理力好的龙头企业，支持有条件的龙头企业在突出主业的基础上延伸产业链，强化提升龙头企业资源整合力、研发驱动力、产业链影响力，打造生态主导型“链主”企业。构建中小企业培大育强梯队，引导中小企业走专业化、精细化、特色化、新颖化发展之路，采取“分行业推进、轻量级改造、工程化实施、平台化支撑、实操型服务”等方式推进中小企业数字化转型。建立健全分层分类梯度培育库，推动中小企业向“科技型—专精特新—单项冠军”梯次升级，培育一批主营业务突出、竞争能力强、具有良好发展前景的专精特新企业，发挥示范、带动和放大效应。促进产业链上下游协同发展，引导龙头企业对产业链上下游企业开放技术、市场、标准、人才等创新资源，开展全供应链配套对接。

### （三）提升科技创新水平

提升企业创新能力，不断强化企业科技创新主体地位。激励企业加大研发投入，鼓励企业围绕生产工艺改进、产品创新开展研发活动，为产品升级和规模化生产提供技术支撑，改变大部分企业单纯加工制造的发展模式，逐步树立创新驱动发展模式。建立科学技术攻关的需求清单，对于差距较大、短期内难以实现突破的基础技术和产品，加强攻关“里程碑”节点管理。实施科技创新攻坚计划和科技重大专项，突破一批制约行业发展的专利、技术壁垒。搭建高等院校与企业对接平台，建立健全“揭榜挂帅”“竞争赛马”“联合攻关”等科技攻关机制，建立“订单式”研发模式，滚动攻克产业发展中存在的卡点，掌握一批关键核心技术。

## （四）提升新型工业化承载能力

提升园区承载能力，充分吸引各类资本参与标准园区建设，构建以国家级载体为龙头、省级载体为支撑、其他优势园区载体为补充的产业平台体系。推进产业集群发展，统筹传统优势产业、新兴产业和未来产业等空间布局，进一步明晰重点园区产业定位。强化区域协同，鼓励地理位置相邻、主导产业关联的地区协同培育集群。

# 第五章 东北地区

## 第一节　2023 年东北地区新型工业化基本情况

### 一、工业经济整体发展情况

2023 年，辽宁、吉林、黑龙江三省地区生产总值达到 59624.5 亿元，约占全国的 4.7%。辽宁省地区生产总值突破 3 万亿元，增速达 4.1%，领跑东三省，展现强劲的经济增长趋势。黑龙江省地区生产总值虽居次席，但增速下跌 0.1%，是东三省中唯一下滑的省份。吉林省地区生产总值增速虽不及辽宁，但高于黑龙江省，未来有望缩小与黑龙江省的差距。整体而言，东三省经济发展存在分化，但仍有增长潜力。从省份看，辽宁省全年规模以上工业增加值相较于 2022 年增长了 5.0%，制造业整体呈现稳健的增长态势，工业增加值增长了 6.3%，为经济发展注入了新的活力。从产品销售看，辽宁省规模以上工业产品销售率达到了 98.6%，这一高比例显示出辽宁省工业产品的市场需求旺盛，产销衔接良好。然而，在营业收入和利润方面，规模以上工业企业面临一些挑战，全年规模以上工业企业营业收入为 35677.3 亿元，相比 2022 年略有下降，降幅为 1.0%；而利润总额为 1500.9 亿元，同比下降了 6.4%。吉林省的经济发展表现依然稳健，2023 年吉林省地区生产总值达到了 13531.2 亿元，按可比价格计算，这一数值比 2022 年增长 6.3%，显示了吉林省经济增长的韧性和活力。从产业结构看，吉林省的第二产业增加值全年达到 4585.0 亿元，比 2022 年增长 5.9%。第二产业增加值占

GDP 的比重为 33.9%，尽管与全国一些地区相比稍低，但依然是推动吉林省经济发展的重要动力。尤其是第二产业中的工业，其全年增加值达到了 3705.0 亿元，比 2022 年增长 6.6%，增速略高于第二产业整体增速。从规模以上工业看，工业增加值增长 6.8%，增速高于全省工业平均水平。其中，制造业增加值增长尤为突出，达到了 8.6%，这反映出吉林省在制造业领域的竞争优势和良好发展态势。2023 年，黑龙江省通过深入实施产业振兴计划，以“4567”现代产业体系为目标，有效推动了产业结构的优化升级。规模以上制造业增加值占规模以上工业增加值的比重同比提高 1.4 个百分点。

## 二、产业技术创新成效显著

根据全国科技经费投入统计公报，东北三省研究与试验发展经费达 1026.0 亿元，东北三省平均 R&D 经费投入强度为 1.6%。辽宁省高技术制造业增加值增长率高达 8.8%，取得显著成就。辽宁省主动策划并实施了高等院校、科研机构及科技创新型企业间的“双向交流互促”项目，该项目深入聚焦核心科技领域的突破性难题，通过协同努力，成功研发包括“国和一号”系列高性能屏蔽电机主泵及“太行 110”型号的重型燃气轮机在内的一系列高端技术装备。这一系列成就不仅彰显了辽宁省在技术创新前沿领域的强劲实力，也标志着其在产业升级路径方面取得了令人瞩目的实质性进展，为区域乃至全国的技术革新与产业升级树立了典范。科技型中小企业与高新技术企业的数量均实现了显著增长，前者增幅高达 55.6%，后者亦达到 16.0%，体现了强劲的增长势头。此外，该地区还新增了共计 1029 家“雏鹰”及“瞪羚”企业，这些企业具有高度的创新活力和成长潜力。专精特新“小巨人”企业数量也攀升至 41 家，进一步丰富了辽宁省科技创新生态的多样性。尤为值得一提的是，辽宁省成功实现了“独角兽”企业从无到有的历史性突破。吉林省坚持创新驱动发展战略，以科技创新为核心动力，充分利用 66 所高等院校和 106 个科研机构等优质创新资源，集聚众多国家战略科技力量，全面推动产业创新升级，实现因地制宜发展新质生产力。黑龙江省在高技术制造业领域取得了显著成就，增加值同比增长高达 12.3%，高于全国平均水平 9.6 个百分点，凸显了黑龙江省在高技术产业领域的强劲势头。黑龙江省积极担当起科技创新引擎的角色，深度挖掘并有效利用国家级创新平台的潜力，加速了重大科技研究成果向实际应用与产业转化的进程。哈尔滨工业大学引领构建的我国航天领域首个顶尖科研设施——“空间环境地面模拟设置”大科学装置正式启用，这一里程碑事件不仅彰显了黑龙江省在航天科技探索方面的显著进步，也标志着该省在尖端科技领域实现了重要且深远的突破，为科技创新生态的持续优化与产业升级提供了坚实的支撑。此外，黑龙江省积极依托哈大齐国家自主创新示范区等国家级科技创新高地，攻坚克难破解重大科技难题，不断培育壮大战略科技力量。黑龙江省在智能机器人技术、生命科学前沿及陆相页岩油勘探开发等多个关键领域，攻克了一系列具有原创性乃至颠覆行业格局的核心技术，这些技术成果不仅丰富了科技创新的宝库，更为相关产业链条的延伸与升级提供了坚实的科技支撑。

## 三、现代化产业体系逐步构建

东北作为我国老工业基地，工业体系较为健全。辽宁省产业基础深厚，其工业体系覆盖了国民经济行业中的绝大部分工业大类，全国 41 个工业大类中，辽宁省便占据了其中的 40 个；207 个工业中类中，辽宁省拥有其中的 197 个；666 个工业小类中，辽宁省也占据了 519 个。这种全面而精细的工业布局，充分彰显了辽宁省在工业领域的全面优势和深厚底蕴。不仅如此，辽宁省更是大国重器的集成地，一系列具有里程碑意义的大国重器在此诞生，如首艘国产航母、航母舰载机等，这些大国重器的问世不仅彰显了辽宁省在高端制造业领域的卓越实力，更体现了其在国家战略性产业中的核心地位。辽宁省在机器人、智能装备、航空装备等高端制造业领域也占据了举足轻重的地位。吉林省敏锐地捕捉到了东北全面振兴这一历史性的政策契机，精心布局了加速培育“四大支柱集群”的战略蓝图，即强化大农业、大装备制造、大旅游产业与大数据应用的协同发展。与此同时，该省还致力于深度挖掘并大力发展“六新产业”体系，涵盖新能源、先进材料、生物医药、健康养老、现代服务业，以及新兴电子商务等多个前沿领域，旨在通过这些新兴产业的蓬勃兴起，为区域发展注入强劲动力。在此基础上，吉林省进一步提出了构建“四新基础设施”的宏伟目标，这包括但不限于新型基础设施建设、优化生态环境、塑造高品质生活及激发新消费模式，这一系列举措旨在全方位、多层次地推动老工业基地实现蜕变与升级，实现历史性的跨越与提升。在推进产业“集群化发展”方面，吉林省明确了10大重点产业集群的培育目标，包括构建具有全球竞争力的万亿级汽车产业集群，打造千亿级碳纤维产业集群，以及玉米生物制品等具有地方特色的产业集群，并致力于培育7个产值超千亿级的产业集群。黑龙江省在推动经济高质量发展的进程中，始终立足自身的资源禀赋、坚实的产业基础和优越的科研条件，致力于构建具有龙江特色优势的现代化产业体系，并根据当地实际情况发展新质生产力。不断深化新信息技术在制造业全行业、全链条的普及应用，通过技术创新驱动产业升级，为制造业注入强大的智能化动力。黑龙江省积极构筑驱动振兴发展的新动力源，推行战略性新兴产业倍增战略与未来产业孵化加速策略。通过强化政策引导与资金注入的双重举措，全力推进战略性新兴产业的蓬勃发展，并以前瞻性视角布局未来产业，力求在多个维度上催生新的经济增长极。2024年第1季度，黑龙江省在高端装备制造、航空航天技术，以及电子信息等关键产业领域均实现了显著增长，这一亮眼表现充分印证了黑龙江省在新兴产业赛道上的强劲发展动能与广阔发展前景。

## 四、突破关键核心技术保障产业安全

东北地区承担了一大批关乎国计民生的大国重器，为我国重点战略领域自主可控打下坚实基础。辽宁省在关键科技领域锐意进取，攻克了一批长期制约行业发展的“卡脖子”技术难题，拥有一大批具有国家战略意义的大国重器，从风洞压缩机的精密制造，到盾构机的创新突破，不仅彰显了辽宁省在高端装备制造领域的雄厚实力，更为国家的科技进步和产业升级做出了巨大贡献。吉林省在产业发展中积极抢占前沿制高点，展现出了强大的技术实力和创新能力。在高速列车领域，中车长客集团成功开发了氢能源市域列车，该列车不仅环保节能，而且具备长达1000千米的续航里程，为城市间快速交通提供了新的解决方案。时速600千米/小时的磁悬浮列车项目也在加速推进中。在卫星应用领域，吉林一号卫星星座的发展不容忽视，其已成功部署并运营108颗卫星，这一壮举不仅彰显了我国在卫星应用领域的深厚实力，更将吉林一号卫星星座推向了全球亚米级高分辨率遥感卫星星座的领先阵营之中，成为该领域内备受瞩目的国际标杆之一。吉林一号卫星星座为农业、环保、城市规划等领域提供了高精度、高效率的遥感数据服务，推动了吉林省在卫星应用领域的持续发展。在新一代超高清显示技术方面，中国科学院长春光学精密机械与物理研究所（以下简称“长春光机所”）掌握的国内独步的单片集成全彩色显示芯片技术，实现了高质量全彩色LED显示器的生产制造，极大地推动了吉林省在超高清显示技术领域的快速发展，为其在该领域的领先地位奠定了坚实的技术基础与产业支撑。此外，长春希达电子技术有限公司成功研制出了75～165英寸直显超高清数字电视产品，填补了国内相关领域的空白。黑龙江省积极部署并强化战略性新兴产业与未来产业的战略地位，构建以航空航天、尖端装备制造等为核心的产业集群体系，旨在加速新型生产力的培育与壮大。众多新时代的大国重器彰显了我国在高端制造领域的非凡成就。中国一重集团有限公司所研发的加氢反应器，凭借其出类拔萃的性能指标与高效能表现，成功打破了国际纪录，为我国能源化学工业领域的技术革新与产业升级提供了坚实的技术后盾与强大的驱动力。哈尔滨电气集团有限公司独立研发的“白鹤滩”百万千瓦级巨型水轮发电机组，其单机发电能力已跃居世界之巅，这一成就深刻彰显了我国在水力发电装备制造领域的又一次里程碑式的飞跃与创新突破，为全球清洁能源发展贡献了重要的“中国智慧”与“中国力量”。

## 五、制造业加速向高端化、智能化、绿色化发展

高端化、智能化、绿色化是东北地区发展新质生产力、实现新旧动能转换的必然要求，是产业全面振兴的重要抓手，2023年，东北地区在高端化、智能化、绿色化方面取得了较好成绩。辽宁省在追求经济高质量发展的征途上展现出坚定不移的决心，聚焦传统产业的高端化转型与前沿科技成果的产业化实践，着眼于智能化、绿色化等前沿发展趋势，全方位增强产业的核心竞争优势，为产业结构优化升级注入了强劲的驱动力。辽宁省将培育壮大核心产业集群视为关键举措，加速构建四大万亿级产业支柱，通过实施广泛的设备迭代升级与技术革新策略，引领装备制造业迈向高新技术前沿，推动石化和精细化工产业向下游价值链高

端攀升，冶金新材料产业深化至精密加工领域，而消费品工业则朝着品质化与特色化方向加速转型。在践行绿色发展理念方面，鉴于化石能源高占比的现状，辽宁省积极依托风能、太阳能等自然资源禀赋，高效集约地推进清洁能源的开发与利用，打造清洁能源强省。截至 2023 年年底，辽宁省清洁能源装机容量已占据全省电力总装机容量的 49.5%，为构建绿色、低碳的能源体系奠定了稳固基础。辽宁省将石化与冶金这两大传统优势产业视为减碳行动的重中之重，通过一系列创新举措，在保持其竞争力的同时，积极推动这些领域向低碳化、绿色化方向转型。2023 年，辽宁省累计完成了钢铁企业超低排放改造重点项目 537 个，有效提升了钢铁行业的环保水平。全省化工精细化率较 2022 年提高了 1.2 个百分点，进一步提升了产业的附加值和竞争力。在推动产业结构优化升级方面，辽宁省坚决遏制高耗能、高排放项目的盲目发展，不仅降低能源消耗和减少污染排放，还推动产业结构更“轻”、经济形态更“绿”、发展质量更“优”，为实现可持续发展奠定坚实基础。吉林省在 2024 年第 1 季度实现了 10.4%的高增长，将“智改数转”确立为工业领域的首要战略项目，年度斥资数亿元，并赢得了金融机构的广泛支持与协作，联合发布了一系列政策措施。这些政策措施，旨在灵活引导企业依据各自的经营现状与发展需求，无论是聚焦于单一生产线的精细化提升，还是面向整个生产车间的系统性变革，都能遵循一套有序且周密的规划路径，稳步推进“智改数转”进程，从而加速企业的智能化升级与数字化蜕变。黑龙江省多措并举推动新信息技术与制造业的深度融合，将智能制造确立为主攻方向，以“智慧化改造”与“数字化转型”作为推动产业革新的关键抓手。黑龙江省推动传统制造业的转型升级，通过数字化、网络化、智能化的改造，使制造业焕发新的生机与活力。实施千企技改行动，着重推进制造业数字化转型和中小企业数字化赋能，通过引入先进技术和管理模式，加快传统产业的转型升级步伐。转型升级举措取得了显著成效，2024 年第 1 季度技术改造投资增速高达 43.9%，为传统产业的复苏与振兴注入了强大动力。促进数字技术与实体经济的深度融合，以信息化带动工业化，以工业化促进信息化，推动制造业向高端化、智能化、绿色化方向迈进。

# 第二节　典型经验做法

## 一、推进营商环境持续优化

辽宁省在实施全面振兴战略的三年行动计划中，将改善商业环境作为推动整体发展的关键步骤和首要任务。辽宁省推进关键领域的改革、提升政府服务水平及确保企业与民众受益，致力于寻找一条既具有地方特色又符合实际情况的新发展道路。辽宁省将诚信和法治作为提升商业环境的基石，通过开展政府承诺履行的专项整治活动，坚决纠正政府失信行为，成功解决了近 17000 个商业环境问题，显著增强了市场、行业和社会的信心。为了进一步提高政府服务的效率，辽宁省实施了“无须关系办事”的改革，已有超过 900 项企业优惠政策实现了无须申请即可享受，这充分展示了政策执行的速度和效率。此外，辽宁省不断推进审批流程改革，提高审批速度，实施建设用地的省级和县级直接报告及模块化审批，大幅缩短了审批时间，有效减少了企业的时间成本。同时，辽宁省还积极减少企业的税费负担，2022 年全省新增减税、降费和退税超过 400 亿元，有效缓解了企业的财务压力。为了进一步提高政府服务的便捷性，辽宁省选择了 35 个高频“一件事”场景实施“一次性办理”改革，平均减少了 62%的办理时间。随着商业环境的不断改善，越来越多的国有企业、私营企业和外资企业选择在辽宁省投资。2022 年，央地合作的重点投资项目总额达到了 1.3 万亿元，这充分证明了辽宁省在优化商业环境方面取得的显著成效。

在数字化转型和政务服务领域，吉林省成为首个成立政务服务与数字化建设管理局的省份。该省采取了创新的“省级统筹建设、市县级应用”策略，这一模式极大地提高了网上审批的效率。得益于“省级统筹建设、市县级应用”的实施，工程建设项目的审批周期整体上缩短了超过 60%，显著地加快了审批流程。企业开办时间从 11 天缩短至 1 天，最快情况下甚至仅需 20 分钟即可办理完成，极大地提升了企业的开办便利度。吉林省在 41 个关键领域实施了深入的经营主体信用评价体系改革，这一措施显著提高了各市州的城市信用综合指数。得益于营商环

境的持续改善，吉林省的经营主体数量实现了稳步增长。截至 2023 年，经营主体的数量同比增长了 14%，全国每千人拥有的经营主体数量排名第 8 位。在过去五年中，吉林省的招商引资资金年均增长率超过了 30%，吸引了多个具有标志性和引领性的重点项目落户，为经济发展和社会进步注入了新的动能。为了支持民营企业的发展，吉林省出台了 40 项具有针对性的“关键小事”政策措施，一些措施在全国都处于领先地位。

黑龙江省推进市场化、法治化、国际化的商业环境改革，营造一流的商业氛围，激发市场主体的活力，促进经济和社会的高质量发展。该省积极借鉴国内外先进地区的成功经验，动员全省资源，持续实施商业环境优化专项行动。建立月度调度、季度通报、半年评估和年度考核等机制，确保各级政府和部门协同合作，共同营造一个全民参与优化商业环境的良好氛围。为了更有效地服务企业并解决企业面临的实际问题，黑龙江省政府建立了企业服务的“快速通道”和问题解决的“绿色通道”。全面实施包容的、审慎的监管执法模式，为企业提供了宽松的“容错”和“试错”环境。为了进一步改善商业环境，黑龙江省政府出台了多项惠企政策，并通过“全省事”应用程序进行精准推送，实现了政策的“免申即享”和“直达快享”。依托数字化政府建设，不断优化政务服务模式，通过流程再造和数据共享，实现了多项事务的“一站式”办理。目前，黑龙江省已推出了 500 多项涉及公安、民政、人力资源和社会保障、医疗保障、交通等领域的便民应用，大幅减少了办事环节和时间，提高了政务服务的效率。为了构建诚信政府，黑龙江省持续开展“新官不理旧账”的专项整治行动，全面清理拖欠民营企业的账款。对于损害政府诚信的行为，一律依法依规严肃处理。通过这一系列改革和措施的实施，黑龙江省的商业环境得到了显著改善，2023 年，黑龙江省新登记的市场主体数量增长了 14.0%，新签约的招商项目同比增长了 13.8%，新设立的外商投资企业同比增长了 68.5%，这些数据充分展示了黑龙江省在优化商业环境方面取得的积极成效。

## 二、提升产业科技创新能力

辽宁省积极推动重点实验室和基础科学研究中心的建设，构建辽宁实验室，加速大科学装置的预研工作，为科技领域的创新打下了坚实的基础。完善科技成果转化的服务体系，促进科研成果从实验室向生产线的转化，并融入产业链中。辽宁省建立了 36 家中试基地，形成了覆盖全省的中试公共服务网络。积极培育超过 400 家科技服务机构，举办专业化和市场化的对接活动，有效促进了科技与产业的深度融合。在政策的推动下，辽宁省的科技创新能力得到了显著提升。2023 年，全省技术合同交易额达到 1308.3 亿元，同比增长了 30.8%，创下了历史新高。

吉林省采取了系统化的科研攻关和成果转化机制，以产业需求为导向，精心选择科研课题，专注于关键领域和核心技术的突破，以促进科技成果的快速转化。举办人才工作推进会议，并推出“长白英才计划”，在资金支持、编制保障、项目支持和成果转化激励 4 个维度上，提出了 15 项创新政策，旨在吸引和培养高端人才，为科技创新提供坚实的人力资源基础。2023 年，吉林省迎来了 4.3 万人的人口净流入，这是过去 13 年来的首次。吉林省的高级职称人才流动趋势由净流出转变为净流入，高端人才的流入量连续 3 年超过流出量，呈现积极的发展态势。高等院校毕业生选择留在吉林省的人数也实现了连续 3 年的增长，留吉率超过了 60%。这些成就表明，吉林省在科技创新和人才培养方面取得了显著的成效，为经济社会发展注入了新的活力。

黑龙江省实施了一系列政策，旨在促进创新驱动和科技成果转化，如“创新发展 60 条”和“科技创新引领产业振兴若干措施”。该省建立了哈尔滨工业大学先进技术研究院、人工智能研究院等科技成果转化平台，为科研成果的商业化提供了坚实的支撑。在这些政策的激励下，黑龙江省成功转化了 589 项重大科技成果，高新技术企业的数量实现了 22.9%的增长，为该省的经济和社会发展提供了强大的动力。为了建立更加完善的产学研用协同创新体系，黑龙江省坚持“企业提出需求、科研机构解决问题、市场评估成果”的原则，围绕大学和研究机构构建了创新创业的生态圈。通过培养和引进高新技术企业，加快了科技成果的本地转化，促进了新动能的发展。在集成电路、碳化硅衬底等关键技术领域，黑龙江省实现了规模化生产，并达到了国内领先水平。这些成就不仅提升了区域经济的科技水平，也增强了其在全球产业链中的竞争力。

## 三、维护产业链供应链韧性

辽宁省实施了“揭榜挂帅”的创新策略，以支持大型国有企业在科技研发领域的突破。这一机制不仅成功降低了每吨钢铁的综合能耗，而且显著降低了人工成本。通过自主研发，该省节约了数以千万计的国外软件授权费用，从而取得了显著的经济收益。鞍钢集团有限公司凭借深厚的研发实力，成功研发出新型极寒环境海洋装备用钢，实现 3 项产品在全球首发，以及 6 项产品在国内市场的首次亮相，这一重要突破不仅彰显了辽宁省在高端材料研发领域的领先地位，更为全球首座超深水钻井平台“蓝鲸 1 号”等重大海洋工程提供了坚实的材料保障。在智能手机制造领域，国产手机摄像头马达中有九成以上产自辽宁，这一产品不仅在国内市场上排名第 1 位，更在全球市场上名列第 2 位。这一成就充分证明了辽宁省在智能制造和精密制造领域的领先地位，也为其在全球高端制造业领域赢得了声誉。

吉林省在智能网联汽车领域加快推动核心技术攻关，中国第一汽车集团有限公司（以下简称“中国一汽”）成功完成了高性能超算平台硬件方案的设计，这一方案不仅具备强大的计算能力，而且能够满足高度自动驾驶功能的需求。此外，中国一汽还实现了车载高精度定位系统全部产业链的国产化，这标志着吉林省在智能网联汽车关键零部件领域取得了重要突破。在新能源领域，吉林省采取积极的策略，构建多个千万千瓦级的绿色电力产业园区，以及一批投资规模达到百亿级别的氢能绿色能源产业园区。这些园区致力于推动现代储能技术与绿色产业的深度融合，并扩展氢燃料汽车和氢能源列车等产品的应用范围，构建全面的“绿色氢能源+”产业链。通过这些措施，吉林省不仅提升了区域经济中的科技成分，也在全球产业链中增强了竞争力。吉林省还将风光电资源、秸秆资源、河湖资源等“原料化”，打造独具特色的氢基产业集群，力争将吉林省建设成为中国氢能产业的创新高地。吉林省成功吸引了 20 多家相关行业的头部企业落户，并有 10 多个百亿级的“绿氢+”项目开工建设。这些项目的实施，将进一步推动吉林省新能源产业的发展，为吉林省乃至东北地区的全面振兴发展注入新动能。

黑龙江省在技术创新与自主研发方面取得一系列亮眼成绩，哈尔滨博实自动化股份有限公司的炉前操作机器人、哈尔滨思哲睿智能医疗设备股份有限公司的手术机器人等关键技术突破，不仅提升了黑龙江省在智能制造、医疗健康等领域的竞争力，也推动了相关产业的转型升级。此外，新型疫苗的国产化替代等重要成果，为新冠疫情防控提供了有力保障，彰显了黑龙江省在生物科技领域的创新能力与产业实力。这些成果不仅提升了黑龙江省在相关领域的产业地位，也为推动东北地区经济全面振兴发展注入了新的活力。

## 第三节　困难挑战及政策建议

### 一、困难和挑战

受益于国家全面振兴东北地区等老工业基地战略的深入实施，东北地区的工业发展取得了积极成效，局部地区涌现出诸多令人瞩目的亮点。这些亮点不仅体现在传统优势产业的转型升级上，更在新兴产业的培育和发展上展现出了强大的潜力和活力。然而，尽管取得了一定成绩，但与全国范围相比，东北地区的工业经济仍然面临较大的下行压力。多个关键经济指标低于全国平均水平，反映出东北地区在经济发展过程中仍存在一些亟待解决的问题。这些问题不仅制约了东北地区的工业经济增长，也影响了其在全国乃至全球产业链中的地位和竞争力。

一是产业结构失衡与转型升级困难。东北地区长期以来面临“老、原、新”发展失衡的严峻挑战，产业结构明显偏重。该地区以重化工业和资源型产业为主导，经济结构单一，致使“老字号”“原字号”等传统制造业依然占据核心地位。因此，产业转型升级的任务显得尤为繁重。例如，吉林省的汽车、食品、石化三大支柱产业产值占全部工业的近 60%，辽宁省的装备制造、石化、冶金三大产业产值占比超过 70%，黑龙江省的能源、石化、装备、冶金建材等产业占比也在 70%以上。中小企业普遍缺乏活力，未能形成系统的创新增长点，“新字号”产业规模在整体经济中的占比相对较小，如吉林省高技术制造业占规模以上工业增加值的比重不足 7%。这进一步凸显了新旧动能转化缓慢、接续产业发展不充分、缺乏新增长点的困境。

二是央地协同不足与产业链不完整。东北地区拥有众多中央企业和国有企业，这是其经济发展的显著特点和优势。然而，央地之间缺乏有效协同，对当地企业的配套带动能力较弱，难以形成产业集群效应，导致产业链条相对短化。在关键核心技术和产品方面，仍存在较多的瓶颈和短板，如装备制造业的关键核心部件主要依赖进口，石化行业在“炼”与“化”之间失衡，冶金行业产业链匹配性不足。零部件配套企业普遍规模较小、能力较弱、布局分散，影响了整个产业链的完整性和竞争力。例如，辽宁省的海工装备、轨道交通等优势产业本地配套率不足25%和40%，吉林省的汽车零部件本地配套率仅为47%，轨道客车配套率不足30%，这些数据均反映产业链不完整的情况。

三是民营经济发展滞后与对外开放水平不高。与发达省份相比，东北地区的民营经济发展相对滞后。该地区有利于民营经济发展的市场机制尚不健全，营商环境和创新创业氛围亟待改善。民营企业数量少且规模普遍偏小，面临“隐形门”“弹簧门”等发展障碍，一些行业仍存在隐形壁垒。外部舆论环境对东北地区培育新动能也产生了一定的负面影响。对外开放水平不足，与东北亚大市场的结合不够紧密，实际利用外资水平相对较低，外贸依存度偏低。这些问题严重制约了东北地区民营经济的发展和国际市场的拓展。

四是创新资源利用率低与产业人才流失。东北地区拥有丰富的科技创新资源，黑龙江省、吉林省、辽宁省共拥有400多家研发机构和270多所高等院校，占全国总量的1/10左右。然而，由于缺少行业公共服务平台和紧密的产学研合作机制，创新成果的本地转化率较低，丰富的创新资源优势未能有效转化为产业优势。此外，中高端人才支撑不足，人才引进和留用面临困境。这不仅削弱了东北地区的创新能力和竞争力，也对地区科技创新潜力产生严重的负面影响。

## 二、政策建议

### （一）加强运行调度，有效提振工业经济

稳固并提升工业经济的运行效率需进一步强化运行调度机制。首先，要确保东北地区全面、深入地执行关于提振工业经济运行、推动工

业高质量发展的政策措施，确保各项政策落到实处、发挥实效。其次，应深度参与工业企业技术改造投资升级导向计划，通过技术改造升级，提升工业企业的核心竞争力和市场地位。对于“十四五”规划中具备条件的重点工业项目，要形成工作专班，加大推进力度，确保项目早开工、早投产、早见效。在监测调度方面，应建立更加完善的信息监测和预警系统，对东北地区的重点行业、重点园区、重点企业进行实时监测和预警分析，及时发现和解决经济运行中的问题和风险。加强能源、物流、用工等要素的保障协调，确保重点产业链供应链的稳定运行。加强新一轮央地合作，研究制定引导东北地区制造业企业稳预期、稳投资和稳发展的具体措施。运用好数字平台，整合数据资源，为政策制定、项目推进、工程实施提供精准的数据支持。

### （二）加快结构调整，完善产业结构优化升级

在加快结构调整方面，以创新驱动为引领，以供给侧结构性改革为主线，推动“老字号”改造提升、“原字号”深度开发，以及“新字号”培育壮大。依托“老字号”的品牌优势和市场基础，通过技术创新和模式创新，推动传统产业升级换代；深入挖掘“原字号”的资源和产业优势，通过精深加工和产业链延伸，提高产品附加值和市场竞争力；此外，还要积极培育壮大“新字号”产业，包括人工智能、大数据、工业互联网等新兴产业，以及电子信息、机器人等高新技术产业。在产业结构优化升级方面，要着力推动制造业向高端化、智能化、绿色化方向发展。要大力发展高端装备制造业、战略性新兴产业和现代服务业，推动产业向价值链高端攀升。加强产业协同创新体系建设，推动产学研用深度融合，提高产业创新能力和核心竞争力。

### （三）强化创新驱动，激发创新主体活力

通过加大投入和政策支持，推动关键产业技术研发和新产品研制取得突破。聚焦产业发展需求，支持东北地区骨干企业联合高等院校、产业联盟等创建省级制造业创新中心，加强关键共性技术的联合攻关和成果转化。建立健全优质企业梯度培育体系，包括专精特新“小巨人”企业、单项冠军企业、领航企业等。通过政策引导和市场机制作用，推动

中小企业不断成长壮大。积极创建“双创”示范平台和示范基地，鼓励各类企业在东北地区设立科技创新公司或分支机构，推动创新要素向东北地区集聚。落实高新技术企业优惠政策，引导企业加大研发投入。完善激励科技型中小企业创新的优惠政策体系，降低企业创新成本和风险。

### （四）注重转型提升，加快新业态新模式应用

加快新业态新模式的应用推广，加强数字基础设施建设，包括第五代移动通信、工业互联网、大数据中心等新型基础设施。提升网络覆盖率和数据传输速度，为新业态新模式的发展提供有力支撑。鼓励大型制造企业建设专业领域的工业互联网平台，推动工业云、大数据等技术的集成应用和创新发展。在传统产业智能化改造方面，要重点建设一批智能场景、智能车间和智能工厂等智能化示范项目。通过引进先进技术和装备，提升传统产业的智能化水平和生产效率。扶持推广智能制造示范企业，形成可复制、可推广的智能制造模式。在绿色发展方面，要加快推进碳排放市场建设和用能改革。通过完善碳排放权交易制度、推广节能技术和设备等措施，推动高耗能企业绿色化改造和产业升级。加强绿色制造技术研发和应用推广，提高产品绿色化水平和市场竞争力。

### （五）推动集聚发展，优化调整工业区域布局

充分发挥国家新型工业化产业示范基地、国家级开发区和自贸试验区的引领带动作用。制定相关政策和规划，引导企业和项目向这些区域集聚发展。加强区域间的合作与交流，推动产业协同发展和资源共享。在集群建设方面，研究制定加快发展先进制造业集群的政策，通过政策引导和市场机制作用，推动东北地区形成一批具有国际竞争力的先进制造业集群。积极打造集群区域品牌，提升区域产业影响力和竞争力；在产业转移方面，统一调度东北三省落后重化工产能，并向辽宁沿海经济带等更具发展潜力地区置换搬迁。通过产业转移和升级改造，推动东北地区产业结构优化升级和经济转型发展。

### （六）深化改革开放，打造良好市场发展环境

塑造更加公平、透明、高效的市场发展环境，进一步深化“放管服”改革，实现政府职能的根本性转变。全面实行政府权责清单制度，将政府的职责、权力和责任进行明确划分，确保权责对等、权力受到有效制约。加强法治化建设，使政府行为有法可依、有章可循，为企业提供一个稳定、可预期的营商环境。在营商环境优化方面，实施专项工程，推动政务服务线上线下深度融合。通过建设“一网通办”“一次办成”等服务平台，简化办事流程，缩短审批时间，提高政务服务效率。持续推进涉企经营许可事项“证照分离”改革，全面清理涉企经营许可事项，推行企业投资项目承诺制改革，实现“告知承诺+事中事后监管”新模式，为企业松绑减负。为了确保市场的公平竞争，东北地区应持续开展中小企业发展环境评估，及时发现问题并采取相应措施加以改进。落实公平竞争审查制度，加强反不正当竞争执法，坚决查处和打击各类不正当竞争行为，维护市场秩序。在要素市场化改革方面，东北地区应统筹推进土地、劳动力、资本、技术、数据等要素市场化改革，打破市场壁垒，促进要素自由流动和优化配置。降低要素成本，提高要素使用效率，为企业创造更大的发展空间。在投融资方面，探索建立东北制造业企业融资白名单制度，将优质企业纳入白名单范围，享受更为优惠的融资政策和服务。鼓励金融机构主动对接企业，提供多元化的融资服务，包括贷款、债券、股权等多种方式，满足企业不同发展阶段的融资需求。加强金融监管和风险防控，确保金融市场稳定健康发展。

# 行　业　篇

# 第六章 新能源汽车

## 第一节　行业发展情况

### 一、产销规模创历史新高，渗透率稳步提升

近年来,在政策和市场的双重作用下,新能源汽车持续爆发式增长。2023 年，我国新能源汽车产销量分别达到 958.7、949.5 万辆，同比增加 35.8%、37.9%，国内新能源车销量占比达到 31.6%，同比提高 6 个百分点；截至 2023 年年底，我国新能源汽车保有量达到 2041 万辆，占比 6.1%，同比提高 2 个百分点。其中，新能源乘用车产销量占乘用车产销量比重分别达到 11.5%和 11.1%；新能源商用车产销量占商用车产销量比重分别达到 34.9%和 34.7%。2023 年 7 月，我国第 2000 万辆新能源汽车下线。我国新能源汽车从“一辆”到“一千万辆”历时 27 年，从“一千万辆”到“两千万辆”只用了 1 年 5 个月。2023 年，新能源汽车出口量为 120.3 万辆，同比增长 77.2%，产销量均已达到了世界总销量的 2/3，而且国际的市场占有率仍在不断提高。

从结构看，2023 年，新能源汽车销量排名前 10 位的企业销量合计为 824.1 万辆，同比提升 47.7%，占新能源汽车销售总量的 86.8%，市场占有率同比增长 5.8 个百分点。在新能源汽车方面，由于新车品类增多、投放量增多、汽车降价等原因，2023 年 A0 级及以上的新能源汽车品类增多，其中，D 级车增幅最大。从价格范围看，2023 年，8 万以上价位的新能源车型有较大幅度上涨，其中 35 万～40 万价位段增幅最大，同比增幅逾一倍。8万以下价位的新能源车型同比有所减少。总体上看，销售仍以15万～20万价位段为主，总销量为283.3万辆，同比上涨52.7%。同时，基础设施逐步完善。截至2023年年底，全国建有859.6万个充电站，数量居全球第1位，同比增长65%，桩车增量比达到1∶2.8。其中，2023年充电基础设施增加338.6万个，同比增长30.6%。

## 二、创新引领新能源汽车发展，加快形成新质生产力

2023年，我国持之以恒开展新能源汽车关键核心技术攻关，围绕创新链布局产业链，依托产业链强健创新链，技术研发和产业化水平不断提升，为新能源汽车走向全面市场化提供了重要推动力。在整车集成与控制技术领域，一体化压铸技术在轻量化、降成本、提高集成度等方面优势明显，逐渐改变新能源汽车制造行业的传统生产模式，成为未来汽车制造的重要发展方向。一是降低生产成本。采用一体化压铸技术省去了烦琐的工艺，生产时间大幅减少。二是采用一体化压铸技术实现减重。三是扩大空间。采用一体化压铸技术在保证车身强度的同时将车身与电池紧密结合，适当增加车内空间。在动力电池领域，宁德时代新能源科技股份有限公司（以下简称“宁德时代”）麒麟电池通过自主研发的“无模化”高集成新工艺，对动力电池进行了大规模的结构优化，使其整体体积利用率提升到了72%，比能量密度达到255Wh/kg。全球首创电池大面积散热技术，支持10分钟内将电池充满80%的电量，同时还能有效阻隔电芯间异常传热，解决充电速度、安全性和使用寿命之间的制约问题。针对电池系统热失控本征安全性问题，蜂巢能源科技股份有限公司（以下简称“蜂巢能源”）的热电分离动力电池系统高效集成技术采用“热—电分离”“保护空间共享”“高度集成化”等三个创新性的思路，突破传统动力电池体系在安全性和续航性上的难题。在数字技术融合应用领域，地平线面向下一代城市高阶智能驾驶的创新型智能计算架构，以先进的算法优化其性能，并以超异构计算内核实现体系结构的可编程性。该技术提出的方法具有普适性和灵活性，提高多任务平行的计算性能，特别是面向神经网络的动态范围特性，可以减少能耗30%，满足未来车辆智能化的需求。在能源供给领域，比亚迪股份有限公司（以下简称“比亚迪”）宽温域热泵空调系统关键技术在多热源一体化热泵

空调系统架构、动力电池直冷直热热管理技术，以及热泵系统专用压缩机和集成阀体等核心技术方面取得多项突破，可在-30～60℃的环境下运行，大幅提高了车辆在极端环境下的续航能力。目前，该研究成果已应用于比亚迪多款车型，显著提高了其在极端环境下的车辆性能，这对解决我国电动汽车低温行驶里程衰减问题，促进我国北方寒冷区域电动汽车的推广，具有重大的现实意义。在驱动系统领域，吉利汽车集团有限公司（以下简称“吉利”）自主研发的高性能变频混合动力平台采用双行星排多挡同轴机电耦合技术，创造出“可控气流”的高效能混合发动机，实现了批量生产的专用混动发动机的热效率最高，在性能安全等领域处于国际领先地位。

## 三、锚定高端化、智能化、绿色化，巩固扩大产业发展优势

2023 年，我国新能源汽车产业聚焦高端化、智能化、绿色化发展成效显著。在政策方面，政府发布多项指导意见加强新能源汽车与电网融合互动、强化锂矿产业与电池回收体系建设，加快绿色生态构建。在技术创新方面，电池技术持续创新，提升了电池的能量密度与安全性。产业链整合与国际合作深化，全球生产与研发中心布局加快，推动了中国新能源汽车从产品到品牌的全面升级，加速了汽车产业转型，提升了国际竞争力。

从高端化看，2023 年，我国新能源汽车产业技术创新和品牌建设的推进、产业结构的优化、价值链的高端化，以及国际竞争力的增强，共同推动了产业的高质量发展。在技术水平方面，我国新能源汽车的智能化和电动化技术不断进步。例如，比亚迪推出了高能量密度的刀片电池，提升了电动汽车的续航里程和安全性。在产业结构方面，我国新能源汽车产业链日趋完善，形成了从原材料到整车制造再到后市场服务的完整产业链。如宁德时代在动力电池领域占据领先地位，为国内外多家汽车企业提供电池解决方案。在价值链方面，我国新能源汽车企业通过技术创新和品牌建设，提升了产品附加值。例如，比亚迪不仅在国内市场取得成功，还成功进入欧洲等海外市场，提升了中国品牌的国际形象和市场价值。在国际竞争力方面，我国新能源汽车产业的国际影响力不

断扩大。2023 年，中国新能源汽车出口量达到 120.3 万辆，同比增长 77.6%，创下历史新高。

从智能化看，《关于开展智能网联汽车准入和上路通行试点工作的通知》等相关政策措施陆续出台，推动构建智能交通体系，为汽车智能化保驾护航，对汽车产业智能化升级具有极大的推动作用。根据中国汽车流通协会乘用车市场信息联席分会（以下简称“乘联会”）发布的汽车智能网联洞察报告，2023 年，我国新能源乘用车 L2 级及以上的辅助驾驶功能装车率达到 55.3%。在自动驾驶技术方面，广州小鹏汽车科技有限公司（以下简称“小鹏汽车”）实现了城市领航辅助驾驶功能的规模化推送，能够在复杂城市路况下提供辅助驾驶服务，显著提升了用户出行的安全性和便捷性。上海蔚来汽车有限公司（以下简称“蔚来”）ET7 搭载的 NAD 系统，通过持续的软件更新，逐步解锁更多自动驾驶功能，展示了从辅助驾驶向自动驾驶迈进的坚实步伐。在车联网系统方面，各大车企与互联网巨头深化合作，推动车联网技术广泛应用。例如，阿里巴巴的 AliOS 系统与多个品牌车型深度整合，提供定制化智能出行服务，用户数突破千万。百度 Apollo 已与超过 100 款车型合作，通过大数据分析优化用户体验，实现车与家、城市的智能互联。车联网技术的普及极大地提升了用户的行车体验和车辆的智能化水平。在智能座舱方面，理想汽车（中国）有限公司（以下简称“理想”）L9 等车型配备了多屏互动的智能座舱系统，结合语音、手势等多模式交互方式，打造沉浸式的车内娱乐和办公环境。

从绿色化看，多家企业积极响应国家绿色发展战略，吉利汽车宝鸡工厂、宁德时代成都新津工厂等获“零碳工厂”认证。比亚迪等国内龙头车企加大了对绿色生产技术的投资，通过优化生产工艺、使用环保材料，有效减少了生产过程中的碳足迹。在电池循环利用体系建设方面，2023 年，在多项政策和市场机制共同作用下，国内动力电池回收领域逐步形成了由主要动力电池厂商、新能源整车企业、锂电材料企业与有资质的专业动力电池回收拆解企业为主体的回收模式。中国电池工业协会统计数据显示，截至 2023 年 10 月底，国内已有 162 家汽车生产企业和 77 家动力电池梯次利用企业共设立动力电池回收服务网点 10507 个。在清洁能源应用推广方面，在政府和企业共同努力下，充电基础设施加快绿色转型，减少充电过程中的碳排放。同时，新能源汽车与电网互动技术（V2G）试点项目增多，车辆在非行驶时间可向电网反向送电，促进了能源的高效利用。

## 四、企业国际竞争力持续提升，新能源汽车加速出海

2023 年，中国新能源汽车企业通过技术创新、品牌建设和国际化战略，在全球市场展现了强劲的竞争力。这些企业在海外市场取得的成绩，不仅体现在销量的增长上，而且更重要的是通过技术和品牌输出，改变了全球消费者对中国汽车的传统印象，提升了中国制造的国际形象。

比亚迪迈向全球化市场。2023 年，比亚迪不仅在国内市场占据主导地位，而且在日本、欧洲、澳大利亚等海外市场取得较大发展。比亚迪在日本推出的新能源客车及电动乘用车，是我国第一家成功打入日本市场的新能源汽车品牌，突破了传统车企在科技、市场上的障碍，增强了中国品牌的国际地位。

奇瑞汽车股份有限公司（以下简称“奇瑞汽车”）深度执行全球市场战略并广泛布局海外生产基地。2023 年，奇瑞汽车共出口汽车 83.7 万辆，同比增长 101.1%，连续 21 年位居中国品牌乘用车出口第 1 位。截至 2023 年年底，奇瑞汽车海外用户累计达到 335 万。奇瑞汽车的海外策略并不只限于产品输出，更是在全球范围内建立完整的制造系统。目前，奇瑞汽车已在 80 多个国家和地区设有制造工厂，并已在俄罗斯、巴西、埃及等 10 多个国家设立制造工厂。奇瑞汽车在世界范围内的制造布局，不但能迅速响应不同地域的市场需求，同时也能促进全球范围内的技术、管理经验与文化交流，提高其在本地的知名度与影响力。

宁德时代成为全球领先的电池供应商。宁德时代仍是世界第一大锂离子电池生产商，不仅在全球市场占有重要份额，而且还与宝马、特斯拉等世界知名车企建立了长期的合作伙伴关系。此外，宁德时代加快了在德国和美国的生产基地的建造和扩大，提升其在世界各地的生产和销售能力。

蔚来打造成功的国际高端品牌。蔚来在挪威成功运营，并将进军德国、瑞典、丹麦、荷兰等，加快其在世界范围内扩张。而蔚来独有的“换

电”和“客户服务”模式也赢得了国外市场的广泛赞誉，旗下 NIO Power Swap 换电站及 NIO House 体验中心已在欧洲多个城市投入使用，为车主带来便利的充电及社交体验。

小鹏汽车作为自动驾驶技术先锋，在辅助驾驶方面已取得了显著进展，开放了城区智能导航辅助驾驶（Navigation Guided Pilot，NGP），为用户带来更为完善的辅助驾驶体验。小鹏汽车 P7、G9 等充分体现了我国汽车品牌在智能科技领域强大的国际竞争力。此外，小鹏汽车公司和英伟达等跨国企业开展辅助驾驶系统的业务合作，不断巩固其在辅助驾驶方面的领先优势。

## 第二节　重点企业发展情况

### 一、专精特新“小巨人”企业和单项冠军企业发展情况

截至 2023 年年底，工业和信息化部累计公示专精特新“小巨人”企业共 12950 家，第五批新增 3671 家企业。汽车领域国家级专精特新企业数量超过 260 家，主要分布在安徽省、浙江省和山东省等。例如，2023 年第五批专精特新“小巨人”企业名单中，在电机方面，湖州南洋电机有限公司（以下简称“南洋电机”）始创于 1992 年，是一家专业从事新能源汽车电机研发、生产和销售于一体的全生产链企业。南洋电机远销全球，成为三星、海尔、美的、海信、松下等知名品牌的供应商和战略伙伴。该公司拥有企业研发中心，已取得了 134 项专利，其中，13 项发明专利、108 项实用新型专利、13 项外观设计专利。在电池材料方面，株洲地博光电材料有限公司作为一家集新能源动力电池 PC 阻燃基材、通信显示 PC+PMMA 复合基材研发、生产、销售、服务于一体的自主研发型高新技术企业，深耕动力电池阻燃薄膜细分领域，不断提升科技创新能力。在电控方面，苏州海格电控股份有限公司聚焦新能源汽车关键零部件，主要经营混合动力汽车、纯电动汽车、燃料电池汽车电控集成系统总成（包括整车控制系统、电池管理系统和电机控制系统）等汽车零部件的研发、生产、销售及售后服务。

2016 年，工业和信息化部发布《制造业单项冠军企业培育提升专

项行动实施方案》。8 年来，我国已先后培育遴选出 8 批共 1557 家制造业单项冠军企业。我国汽车产业进入“由大到强”转型关键期，通过单项冠军企业培育提升行动，一方面引导企业注重细分产品市场的创新、产品质量提升和品牌培育，带动和培育一批企业成长为单项冠军企业；另一方面，促进单项冠军企业进一步做优做强，巩固和提升其全球市场份额和技术的领先地位，加强企业发展模式和有益经验的总结推广，让更多的单项冠军企业带领中国制造走向世界。总体来看，我国新能源汽车产业单项冠军企业数量占整体单项冠军比例超 5%，企业呈现连绵分布，主要分布在长三角地区，其次在京津与山东半岛地区也形成连片形态。除这两大区域外，新能源汽车制造业在十堰、长春、西安等城市形成集聚地。

根据《工业和信息化部办公厅关于开展 2023 年制造业单项冠军企业遴选认定和复核评价工作的通知》，工业和信息化部组织开展了第八批制造业单项冠军企业遴选认定工作。2024 年 3 月，工业和信息化部公布的第八批通过审核的企业名单中，新能源汽车产业单项冠军企业超过 20 家，浙江、山东、深圳相关企业分别超 3 家。大多数企业拥有国家级科技领军人才、技术能手、卓越工程师、大国工匠等杰出人才，企业平均研发投入强度、平均研发人员数量占比、平均拥有有效专利均处于行业前列，牵头制定国际标准、国家标准、行业标准，突破了一批“卡脖子”痛点问题。原材料相关产品有湖南金箭新材料科技有限公司常温法高性能纳米碳酸钙、厦门厦钨新能源材料股份有限公司钴酸锂电池材料、深圳新宙邦科技股份有限公司锂离子电池电解液、烟台正海磁性材料股份有限公司新能源汽车用高性能烧结钕铁硼永磁体等，关键零部件相关产品有荣盛盟固利新能源科技股份有限公司商用车混合动力电池系统、上海禾赛科技有限公司激光雷达、上海捷氢科技股份有限公司金属板氢燃料电池等。

## 二、部分龙头企业发展情况

### （一）比亚迪

2023 年，比亚迪新能源汽车销量为 302.0 万辆，同比增长 61.8%，市场占有率 32.0%。比亚迪拥有完整的供应链布局，具有较强的成本控制能力。在利润方面，比亚迪在 2023 年第 3 季度的毛利率实现 25.7%，远超特斯拉和业内平均水平。比亚迪主打的是“王朝”和“海洋”系列，而“腾势”“仰望”和“方程豹”则是高端产品，截至 2023 年年底，比亚迪月销过万车型共有 11 款，其中，月销过两万的车型有 6 款。

### （二）上汽集团

2023 年，上汽集团新能源汽车销量为 112.3 万辆，同比增长 4.9%，与其他新能源汽车品牌相比增速偏低。从新能源车型看，上汽通用五菱占比 40.8%，上汽乘用车占比 31.9%，上汽大众占比 11.6%，上汽通用占比 8.9%，智己轿车占比 3.4%。在高端化趋势下，上汽高端新能源乘用车实现 40.0%的增速。智己汽车、飞凡汽车、荣威汽车和名爵汽车等高增值产品的发展势头迅猛。此外，上汽合资企业的收入和盈利占比较大，但与上汽建立合资企业的德国大众及美国通用在新能源汽车领域的发展相对滞后。

### （三）吉利

2023 年，吉利的新能源汽车销量达到 48.7 万辆，同比增长 48.0%。其中，插电混动增速迅猛，销售 15.3 万辆，增长 1.3 倍。吉利深入挖掘用户需求，车型较多。2023 年 2 月，吉利的银河轿车侧重 15 万以上的消费者群体，在 7 个月内售出 8.3 万辆。在高端市场方面，2023 年极氪汽车总销量为 11.9 万辆，同比增长 65.0%。此外，吉利熊猫侧重小型纯电动车，吉利几何侧重实用的消费者，吉利领克侧重中高端市场，在整个细分的市场区间内都有明确的定位和完善的布局。

### （四）宁德时代

2023 年，宁德时代的收入和净利均创下新纪录。企业收入首次突破了 4000.0 亿元，同比增长 22.0%。根据 SNE Research 统计，2023 年，宁德时代在全球动力电池市场占有率达到 36.8%，已连续 7 年位居世界首位。2023 年，宁德时代的研发支出达到 184.0 亿元，同比增长 18.0%。在动力电池方面，麒麟电池、钠电池分别交付理想和奇瑞汽车，M3P

电池持续推进产业化，同时发布凝聚态电池、神行超充电池。

## 第三节　典型案例和经验做法

### 一、发挥整车企业“龙头”带动作用，推动配套园区建设

一些城市注重充分发挥汽车制造企业的主导地位，把产业链上配套企业引入相应园区，推动企业聚集发展。上海市推动制度创新，以外资控股方式打造临港新能源汽车生产基地，支持上汽等自主品牌开发新能源车型，强化对产业链纵向带动作用，支持安亭国际汽车城和自贸区临港工业区等产业园区的建设，通过招商引资、配套产业园区等措施，推动企业在上海聚集，构建全国最完整的新能源汽车产业链。西安市与比亚迪深度合作，从 2003 年开始，就先后引入比亚迪的客车、商用车、动力电池及融资等多个项目，并将其打造成为比亚迪北部区域总部。西安市一改过去“以燃油车为主”的传统格局，构建新能源整车、动力电池及关键零部件等完整的产业体系。合肥市通过与资本市场合作，支持江淮和蔚来新能源汽车的联合生产及大众新能源车项目等相关投资。合肥市政府长期以来为蔚来的研发、生产提供资金，与蔚来共建新桥智能电动汽车产业园，并提供配套服务，推动了整车制造、技术研发等多领域发展。

### 二、加大关键零部件企业招商力度，完善新能源汽车产业体系

一些传统燃油车工业相对较弱的城市，通过加大对新能源汽车产业重点领域的投资，以“弯道超车”的方式，推动本土新能源汽车行业的发展。常州市积极依托国有企业，通过与国内知名风投公司合作，成立了专门用于投资锂离子电池行业重点项目的产业基金，已先后引进了宁德时代等多家动力电池企业。例如，常州金坛的地方政府出资参股中创新航 21%左右的股份，支持其常州电池项目。常州市是全国出货量第一的城市，产销量约占全国的 1/5。2023 年 1—11 月，常州市动力电池规模以上工业企业完成产值 1611.8 亿元，构建了“设计—制造—应用—

梯次利用—回收”的完整产业链，涵盖整车、电机电控、充电设备等。南宁市着力吸引大型企业，加大对大企业、大项目的投资力度，成功引入比亚迪等大型企业，加速推进一批重大工程，建设世界上最大的比亚迪锂离子电池制造中心，使其产业集群作用逐渐显现。南宁市围绕动力电池，通过建链、补链、延链、强链的方式，引进新能源汽车及关键零部件企业，重点发展汽车研发设计、零部件制造、汽车及零部件贸易等环节的企业，加快占据产业链高端环节。

### 三、加快传统汽车产业转型升级，壮大本区域新能源汽车产业

一些具有较强传统汽车工业基础的城市，在未雨绸缪、主动求变的同时，积极构建新能源汽车的应用与行业创新生态，并扶持本土企业研发新能源车型。柳州市率先在政府和企业间建立了“柳州模式”，通过减免停车费用和充电费用、划专用停车位等方式，打造新能源汽车普及和使用的样板城市。同时，积极扶持企业研发五菱宏光 EV 和宝骏 E 系等小型纯电动汽车。截至 2023 年 11 月，五菱宏光 MINI EV 累计销量已突破 115 万辆，连续 28 个月成为全国新能源车销量冠军。青岛市充分发挥滨海地区的地理位置，加强与北京市及周边地区的合作，对一汽、上汽通用五菱、奇瑞汽车等进行改造，扶持新能源汽车项目建设。青岛市以新能源汽车产业集群为基础，强化产业链，完善产业生态，举办“青岛市新能源汽车产业链供需对接大会”，仅 2023 年就吸引 32 家配套企业合作签约。

## 第四节　困难挑战及政策建议

### 一、困难和挑战

新能源汽车行业发展面临的困难和挑战包括以下 4 个方面。一是部分核心技术突破难。尽管我国在“三电”等关键零部件领域取得了一定进展，但在高性能电池材料、高效驱动电机、智能控制算法等核心技术上与国际先进水平仍存在差距。二是市场竞争日益激烈。随着全球主要

汽车生产国纷纷加大对新能源汽车的投入，市场竞争日益激烈。特别是在国际市场，中国品牌面临来自特斯拉、大众、宝马等国际品牌的竞争，品牌影响力和国际市场份额提升难度较大。三是充电基础设施建设相对滞后。尽管我国充电基础设施数量快速增长，但与新能源汽车保有量的增加相比，仍然存在充电桩分布不均、公共充电站利用率低、高速公路上充电不便等问题，影响消费者的使用体验和购买意愿。四是动力电池回收利用体系仍需完善。随着早期投入使用的新能源汽车电池逐渐进入退役期，如何有效回收利用电池、减少环境污染、实现资源循环利用，成为亟待解决的问题。

## 二、政策建议

### （一）强化核心技术研发，持续完善产业创新体系

持续加大对高性能电池材料、高效驱动电机、智能化控制算法等新能源汽车核心技术研发的财政投入，集中资源攻克技术难关。同时，提供税收减免、贷款贴息等优惠政策，降低相关企业技术研发成本。鼓励新能源汽车企业与高等院校、科研院所、信息技术企业等跨行业合作，构建开放共享的创新平台，促进知识与技术的交流融合。针对关键核心技术难题，鼓励采用“揭榜挂帅”制度，面向社会公开征集解决方案，激发产业创新潜能，加速技术突破。积极参与国际科技合作项目，鼓励企业引进、消化、吸收、创新国际先进技术，同时加强与国际一流企业的技术交流，建立海外研发中心及技术联盟等方式，拓宽技术来源渠道。加大对新能源汽车领域高技能人才和创新团队的培养与引进力度，通过教育改革、职业培训、国际学术交流等多种途径，提升新能源汽车产业整体技术水平和创新能力。同时，加快完善人才评价体系，为科研人员创造良好的工作和生活环境，保障其长期稳定发展。

### （二）着力提升产品竞争力，优化国际市场布局与合作

鼓励和支持中国新能源汽车企业制定并实施全球化品牌战略，通过参与国际车展、设立海外研发中心和营销网络、开展国际合作项目等方式，提升品牌国际知名度和影响力。同时，注重品牌故事的国际传播，

挖掘并传播品牌背后的文化价值和科技创新故事。鼓励企业加大研发投入，注重续航里程、充电效率等基础性能的提升，在智能网联、自动驾驶、个性化设计等方面形成特色和优势，打造差异化产品，满足不同市场和消费者的需求。通过持续的技术创新和产品迭代，提升我国新能源汽车的整体竞争力。深入研究目标市场的政策环境、消费习惯和竞争格局，灵活调整出口策略，优先开拓对新能源汽车友好、与我国有良好贸易关系的国家和地区市场。通过“一带一路”倡议等国际合作框架，建设海外生产基地、销售与服务体系，实现本地化生产和市场深耕。积极参与国际汽车行业标准的制定，推动我国新能源汽车标准与国际标准的对接与互认，降低产品出口的技术壁垒。寻求与国际知名汽车品牌的合作机会，通过技术合作、品牌联名等方式，借助其全球销售渠道和品牌影响力，快速扩大国际市场占有率。不断完善海外市场的售后服务体系，提供与国际接轨的服务标准和响应速度。利用在线服务平台、移动应用等数字化手段，提升服务效率和用户满意度，塑造良好的品牌形象。

### （三）强化政策支持与市场激励，优化充电网络布局

以充电基础设施发展规划为引领，科学预测新能源汽车增长趋势，合理规划充电设施布局。重点解决城市中心区、居民小区、商业区、停车场，以及高速公路服务区的充电需求，确保充电桩分布均衡、便捷可达。利用大数据分析，精准定位高需求区域，动态调整建设计划。通过引入智能调度系统、推广预约充电服务、采用共享充电模式等技术创新和模式创新，提高公共充电设施的使用效率。加快完善充电设施运维管理标准，确保设备完好率和充电安全。加大财政补贴、税收减免、用地优惠等政策支持力度，鼓励社会资本参与充电基础设施建设。对符合条件的充电设施建设项目给予直接资金补助，对运营商给予运营补贴等。探索建立充电服务价格市场化机制，提升项目投资回报率，吸引更多资本投入。逐步推广超快充技术，缩短充电时间，提升长途出行体验。鼓励在高速公路休息区建设集充电、休息、餐饮、购物于一体的综合服务站，提升用户充电便利性和舒适度。鼓励新建住宅小区按照一定比例预留充电设施安装条件，对于已建成小区，通过政府补贴、社区共担、业主自筹等多种方式，推进充电桩改造和增设。

### （四）加强动力电池全生命周期管理，加快完善回收体系

完善动力电池回收利用相关的法律法规，明确生产者责任延伸制，要求新能源汽车制造商、电池生产商负责其产品的回收处理。建立动力电池编码制度，实现电池全生命周期可追溯。同时，加快完善动力电池回收利用的国家标准和技术规范，逐步统一回收、存储、运输、处理和再利用的标准流程。建立政府引导、企业主体、社会参与的多元化回收体系。支持电池生产商、汽车制造商、第三方回收企业等共同参与，形成覆盖全国的动力电池回收网络。在城市、乡村、高速公路沿线设置回收点，方便消费者就近交投退役电池。支持产学研用合作，加大对退役电池检测分拣、高效拆解、梯次利用和材料回收等关键技术的研发投入，突破技术瓶颈。推广自动化、智能化的拆解回收工艺，减少环境污染，提高资源回收率。鼓励电池设计的标准化、模块化，便于拆解和梯次利用。通过财政补贴、税收优惠、押金返还等经济激励措施，鼓励消费者主动参与电池回收。对参与回收处理的企业给予税收减免、资金补助等支持，降低回收处理成本。积极参与国际动力电池回收利用的交流合作，积极引进国外先进技术和管理经验。

# 第七章

# 纺织服装

## 第一节 行业发展情况

### 一、内销市场持续回暖，出口降幅逐步收窄

从国内看，随着新冠疫情告一段落，国内消费市场有所提振。根据国家统计局数据，2023 年，我国服装、针纺织品、鞋帽类零售额与 2022 年相比增长 12.9%，整体规模超过 2019 年的水平。相关商品的电商零售呈现复苏迹象，2023 年，全国网上穿类商品的零售额与 2022 年相比提高了 10.8 个百分点，增速相较于 2022 年提高了 7.3 个百分点。此外，中国纺织工业联合会发布的数据显示，纺织服装行业的综合景气指数在 2023 年出现回升，4 个季度数据达到近年来的较高水平，一举扭转 2022 年 4 个季度数据全部处于荣枯线以下的颓势。纺织服装行业的生产形势和产能利用率总体呈现稳中有涨的发展趋势。从国家统计局发布的数据可以看出，相较于 2022 年，2023 年，我国纺织服装行业的规模以上企业工业增加值出现 1.2%的降幅。其中，化纤和纺织行业的情况较为乐观，化纤行业的工业增加值增速比 2022 年增长 9.6 个百分点，较 2022 年回升 8.5%。2023 年，纺织服装行业产能利用率（76.4%）比 2022 年（77.2%）稍有下降，化纤业产能利用率（84.3%）比 2022 年（82.3%）上升了 2.0 个百分点，且 2023 年高于同期全国工业产能利用水平。

从国际看，2023 年全球经济增速放缓，国际市场需求不足，在复杂严峻的外部环境下，我国纺织服装行业出口压力加大，但在外贸领域持续呈现较强的发展韧性。根据海关总署数据，2023 年，我国纺织服装产品出口同比下降 8.1%，累计降幅从 9 月份开始出现逐步收窄。从出口市场看，欧盟、美国、日本等对我国纺织服装产品的进口规模与 2022 年相比均有所减少，我国对俄罗斯、土耳其等国家的出口持续稳定，并略有提升。从大类产品看，我国纺织服装产品 2022 年第 1 季度出口降幅明显，但自 2022 年 3 月起，降幅显著收窄；与 3 季度相比，4 季度的出口增速降幅收窄 8.4%。自 2023 年 8 月开始，我国纺织服装产品出口持续回暖，2023 年 12 月，全国纺织服装产品出口同比增长 2.6%，继 2023 年 4 月之后重新恢复单月正增长。

## 二、产业技术创新能力不断增强

产业联盟积极发挥作用。为推动产教融合、校企合作，全国 45 家纺织企业、高等院校、科研院所等在新疆巴音郭楞蒙古自治州共建“生产性实训基地”；多达 26 家纺织服装相关企业、高等院校、科研机构等致力于提升行业的绿色制造水平，于河北成立毛纺织行业领域的绿色低碳联盟；中国纺织国际产能合作企业联盟有效依托“一带一路”倡议等对外合作平台，积极引导、促进纺织企业开展对外投资、产业国际合作等。石狮纺织服装产业联盟通过整合当地的产业资源，积极引导纺织服装企业抱团发展，有效推动本地企业实现合作共赢。

技术攻关和品牌建设不断取得突破。一方面，行业创新能力稳步提升。2023 年 4 月，科技部公布 2023 年度国家科技奖初评结果，有众多纺织领域的项目成功入围，其中，国家技术发明奖和国家科学技术进步奖入围项目共计 5 项。另一方面，企业、高等院校技术创新加快推进。例如，山东鸿泰鼎新材料科技有限公司（以下简称“鸿泰鼎”）通过自主式创新和开放式创新相结合，成功实现将溶剂回收率提高至 99.7%，同时能耗降至 30%，整个加工过程接近零排放。2024 年 3 月，西安工程大学研究团队成功研制出可用于人骨修复的丝素自增强复合材料，此材料具有两方面明显优势，一是能够适应人体不同部位骨植入的要求，二是材料可随着骨愈合在人体内实现自行降解。近年来，我国纺织服装品牌的发展方向有所改变，逐渐向品牌溢价和技术溢价方向发展。例如，安踏集团生产的“热返四代”儿童羽绒服等 10 件产品荣获“2023 年度

十大类纺织创新产品十大精品”殊荣，江南布衣服饰生产的双面穿羽绒服等 100 余项产品获得“2023 年度十大类纺织创新产品”称号。李宁、UMA WANG、生活在左等品牌亮相巴黎时装周，六礼、拉珂蒂等品牌亮相 2023 巴黎·中法时装周，中国美学在国际舞台再次大放异彩，中华优秀传统文化得到进一步传播。

成果转化平台效用日渐凸显。2023 年，纺织服装产业链发展大会期间，金额超过 1 亿元的纺织服装签约项目有 52 项，此次大会上签约总金额高达 369.6 亿元；为积极推动产业区域合作协调发展，纺织服装产业区域合作发展大会于延吉举行；纺织服装标准创新大会在泰安市召开，探讨和交流碳达峰碳中和目标下的标准化体系建设；全国纺织科技成果转化与合作大会在南昌市举行，会议发布 53 家单位 348 项行业先进科研成果；“中国十大纺织科技”评选活动累计评选、发布 200 余项重大创新科技成果，促成签约的科技项目近 40 项，签约金额超 5.5 亿元，吸引上千家科技型企业与科研机构的广泛参与。

## 三、产业链供应链韧性和安全水平得到提升

我国纺织产业链国际竞争力保持稳定。2023 年以来，我国纺织服装产品出口延续恢复态势。根据海关总署公布的数据，2023 年，我国家用纺织品出口额为 327.4 亿美元，与 2022 年相比增长 0.1%，与 2019 年相比增长 16.2%，其中，12 月的出口额同比增长 9.3%；服装累计出口金额为 1591.4 亿美元，与 2022 年相比下降 7.8%，与 2019 年相比增长 8.5%，由于 2022 年具有高基数特征，因此 2023 年我国服装出口表现良好。此外，与 2023 年第 1 季度相比，2024 年同期我国纺织服装产品出口增长了 2 个百分点，其中，纺织品、服装出口保持了相同的增长趋势，分别同比增加 2.6%、1.4%。此外，从全球市场看，2024 年第 1 季度我国对美国、欧盟纺织品服装出口规模基本与 2022 年第 1 季度保持在同一水平，对加拿大、越南、乌克兰等国家的出口额呈现较好增长趋势。

关键核心技术取得突破。2023 年，通用技术新材中纺院 Lyocell 长丝高效制备及产业化技术开发，数字驱动织造全流程智能工厂关键技术开发及产业化应用，一次成型纺织双面数码印花技术、装备及应用等技

术获评第十届“中国十大纺织科技奖”，其中，Lyocell 长丝高效制备及产业化技术开发获评“中国十大纺织科技奖”金奖。此外，分别有 11 个项目、13 个项目、13 个项目获得“中国十大纺织科技奖”下设的新锐科技奖、产业推动奖、绿色先锋奖等奖项。

原材料自供给能力有所提高。国家统计局数据显示，与 2022 年相比，2023 年，全国棉花播种面积缩减了 7.1%，一定程度导致棉花产量同比减少 6.1 个百分点；但单位面积产量却有所提升，2023 年，全国棉花产量达到单产 134.3 千克/亩，比 2022 年增加了 1.5 千克/亩，增幅为 1.1%。2023 年，我国化纤长丝织物总产量为 631.0 亿米，比 2022 年增长了 6.1 个百分点。此外，从原材料进口的角度看，根据海关总署数据，2023 年，我国纺织纱线、织物及制品进口总额为 117.4 亿美元，相较于 2022 年下降了 1.2 个百分点；合成纤维纱线进口数量为 20.4 万吨，进口总金额为 10.4 亿美元，远低于 2019 年同期的 30.1 万吨、14.6 亿美元。我国纺织服装原材料进口总额的逐渐走低，意味着原材料对外依赖度也呈现降低趋势。

## 四、高端化、智能化、绿色化转型加快推进

2023 年，工业和信息化部、商务部联合开展“2023 纺织服装优供给促升级活动”，包括工业互联网平台赋能深度行、印染行业节能环保年会、纺织行业两化融合大会、纺织绿色发展大会等活动。同年 11 月，工业和信息化部等部门印发《纺织工业提质升级实施方案（2023—2025 年）》提出，推进产业高端化、智能化、绿色化发展。

截至 2023 年 9 月底，我国纺织相关企业的生产设备数字化率、数字化设备联网率分别为 56.5%、49.3%，均高于全国制造业平均水平。同年 11 月，《2023 年 5G 工厂名录》发布，全国有 300 个 5G 工厂入选，其中，有 10 家纺织企业入选，有 6 家纺织服装、服饰企业入选。工业和信息化部联合市场监管总局公布 2023 年智能制造标准应用试点项目名单，全国各行业共有 78 个项目上榜，包括个性化定制服装智能工厂标准应用、服装智能制造标准应用等 4 个纺织服装项目；恒天重工股份有限公司、山东日发纺织机械有限公司、特步集团有限公司等企业上榜第六批国家级工业设计中心名单。2024 年 1 月，工业和信息化部发布

2023 年绿色制造名单，共遴选出 1488 家绿色工厂，104 家绿色工业园区，以及 205 家绿色供应链管理企业。其中，雪中飞实业有限公司、安踏体育用品有限公司等近 70 家涉及纺织业务的相关企业上榜；江苏东渡纺织集团有限公司、新凤鸣集团股份有限公司、雅莹集团股份有限公司等近 20 家涉及纺织业务的相关企业入列 2023 年度绿色供应链管理企业，占比约为 10%。同年 3 月，波司登羽绒服装有限公司（以下简称“波司登”）、比音勒芬服饰股份有限公司、海澜之家集团股份有限公司等互联网项目成功入选 2023 年工业互联网试点示范项目名单。

## 第二节　重点企业发展情况

### 一、纺织服装行业企业整体发展情况

2023 年《财富》“中国企业 500 强”排行榜显示，纺织服装行业 18 家纺织服装相关企业上榜，相较于 2022 年增加 6 家。“2023 中国民营企业 500 强”榜单显示，纺织服装行业共有 26 家民营企业上榜，其中，恒力集团有限公司（以下简称“恒力集团”）在上述榜单中位列第 3 位，并占据“中国制造业民营企业 500 强”榜首位置；此外，分别有 16 家化纤、16 家涉及服装业务的相关企业上榜“2023 中国民营企业 500 强”榜单。根据世界品牌实验室发布的 2023 年《世界品牌 500 强》排行榜，中国品牌入选数量实现突破，首次超越日本，成为全球第 3。其中，纺织服装行业 4 家纺织服装品牌上榜。2024 年 1 月，有 388 个品牌上榜成为新一批中华老字号，其中，纺织服装行业有近 20 家相关企业入选。截至 2023 年 7 月底，工业和信息化部已认定发布 5 批专精特新“小巨人”企业，其中，有 190 余家纺织服装相关企业入选；截至 2024 年 6 月底，我国已培育遴选出 8 批共 1557 家制造业单项冠军企业，其中，与纺织服装相关的企业有 60 余家。

### 二、部分重点企业发展情况

#### （一）波司登

波司登是专注于研发、设计、制作的兼具大规模及先进生产设备的

品牌羽绒服生产商，产品畅销美国、法国、意大利等 72 个国家，全球超 2 亿人次在穿。现有常熟波司登、高邮波司登、江苏雪中飞、山东康博、徐州波司登、泗洪波司登六大生产基地。此外，波司登集“中国世界名牌产品”“全国质量奖”“中国工业大奖”于一身。

### （二）恒力集团

恒力集团是先进全国纺织工业先进集体，是全球单体产能最大的 PTA 工厂之一、全球最大的超亮光丝和工业丝生产基地之一、全球最大的织造企业之一，建有国家“企业技术中心”，是一家以炼油、石化、聚酯新材料和纺织全产业链发展的国际型企业。2024 年 8 月，《财富》世界 500 强发布，恒力集团位列第 81 位。

# 第三节　典型案例和经验做法

## 一、推进数字化、绿色化转型，赋能产业提质增效

河北省高阳县启动毛巾产品质量追溯系统，消费者可通过扫描二维码，掌握产品抽查、进货检验、过程检验等情况；政府监管部门可依托此系统，强化过程记录，及时纠正、改进和追回等。一方面，企业可通过此系统完善生产经营台账制度，从而实现追根溯源；另一方面，企业可通过此系统进行生产工艺优化，从而助推产业升级。吴江区盛泽镇相继完成倍捻机、加弹机等织造机器上楼，为推进数字化进程，永康达纺织品有限责任公司引入全流程数字信息系统；苏州汉塔纺织科技有限公司着眼纺织后整理行业技术创新，率先建成 5G 数字智慧工厂；吴江达飞织造厂大力推进 4 期产业更新项目建设，通过实施产业有机更新，清退全部老旧低效设备，引进最新节能高效设备等。青岛市即墨区对接抖音、淘宝、快手等电商平台和头部达人，组织开展“淘宝直播——产业带扶持计划”、抖音遇见好货节宣讲会等线上线下电商培训活动，积极搭建电商平台、头部达人与企业的对接桥梁，解决企业面临的直播开店、账号运营、流量扶持等难题，解锁平台“流量密码”。河北新兴际华集团某工厂通过物联网平台，于 2024 年初建成智能化生产线，可实时收

集和分析生产数据，对生产过程进行监控和调度，一方面为生产决策提供支持，另一方面提高生产效率和产品质量。全国最大废旧布角料集散地——浙江省苍南县开展再生纺织业环境整治，清退低小散的作坊式废旧布料加工企业，禁止再生纺线染色排放污水，要求企业引入环保设施等。苍南县承担的废旧纺织品循环利用项目入选2023年国家循环经济标准化试点示范，计划为废旧纺织品循环利用的产品、设备、工艺、绿色、低碳等全生命周期制定标准体系，助力我国再生纺织产业规范发展。河北省高阳县通过加强污水处理、热电联产集中供热，突破纺织印染领域所面临的两大环保瓶颈，成功实现污水处理能力与供热能力分别可达26万吨/日、440吨/时。

## 二、加强创新平台建设，助推产业技术创新

河北省高阳县引导毛巾协会与瑞春纺织工业设计中心、三米青设计中心，以及新高点设计中心在保定图强纺织股份有限公司、河北卡缦纺织品制造有限公司等重点企业打造试点，探索推广人工智能设计技术。山东魏桥创业集团有限公司重视产学研合作，推动企业与东华大学、天津工业大学等开展合作，成立魏桥创业院士研究院，共建联合实验室。绍兴市柯桥区着力打造科技创新公共服务平台，创建现代纺织技术创新中心、现代纺织产业创新服务综合体、集聚印染工程师协同创新中心等创新平台，推动“人才+平台+产业”融合发展。南通市海门区与国家棉花产业联盟签署合作协议，共建国家棉花产业联盟江苏运营区域总部，重点布局打造“一院、三中心”，即国棉联盟家纺产业研究院和高品质国棉供应链运营中心、棉花产业链成果展示推广中心、高品质棉原料期货交易中心，将先进棉花产业科技成果与技术、品牌资源等应用于海门高质量棉纺织产业集群，促进打造民族自主品牌。

## 三、创建全产业链，保障产业链供应链安全

江苏鹰游纺机有限公司实现纺织后整理设备、印染定型设备、高性能碳纤维设备、复合材料专用设备的专业化定制生产，有效推动国产碳纤维装备实现新突破，成为保障公司全产业链安全的关键一环，进而助

推中复神鹰碳纤维股份有限公司成为我国首个、世界第3个攻克干喷湿纺工艺难题的企业。作为全国最大的缝纫线、绣花线生产基地，湖南省澧县服装辅料产业集群培植从棉麻种植、化纤加工、服装生产、色素配料，到研发设计、检验检测、产品包装、电商物流的完整产业链。新疆库尔勒经济技术开发区积极开展棉纺产业延链布局，发布9个招商项目，这些项目囊括了结合石化产品打造涤纶、氨纶加工及服装加工等，从而有力地实现从“一朵棉”到“一件衣”的产业链闭环。江西省于都县打造数字化弹性供应链基地，开发较具代表性的“产业互联网模式”，即“中心工厂+卫星工厂”，在这种模式下，中心工厂与卫星工厂各自分工明确，由中心工厂负责接单下单、管理运营等相关工作，30家卫星工厂负责具体的日常生产活动。

## 第四节　困难挑战及政策建议

### 一、我国纺织服装行业存在的主要困难和挑战

对外贸易的国际环境复杂多变。2023年9月，美国宣布进一步延长对已恢复豁免关税的中国进口商品的301条款关税豁免期，受到这一政策影响的包括丝绸面料、机织染色面料等。以非织造布为例，中国、德国、日本、加拿大和墨西哥是美国非织造布的主要供应国，自从美国对我国频繁加征关税以来，我国在成本方面的优势逐渐削弱，与加拿大、墨西哥等国相比，我国的竞争力大幅下降。当前，国际形势风起云涌，中美大国博弈呈加剧态势，美国有较大可能继续采取加征关税等行政手段限制进口我国产品，或与盟友联合对华开展竞争，未来，我国纺织服装产品出口面临更大不确定性与不稳定性。

关键核心技术攻关有待进一步推进。我国纺织服装产业的自主创新能力仍相对薄弱，在高端纺织原材料、纺织品创新设计与开发，先进纺织加工技术，生态染整技术，以及深度使用人工智能等新信息技术加快推进企业数字化、绿色化转型升级等方面仍有较大空间。当前，我国纺织服装相关行业仍存在自动化、数字化、智能化共存而未达到协调统一，可复制可推广的行业性共性解决方案缺失，以及跨行业跨领域复合人才

匮乏等突出问题。此外，随着消费群体、市场需求的多层次性演变，纺织服装产品个性化、定制化发展趋势愈发明显。我国纺织服装产品设计面临向高端需求转变的巨大考验，同时也对个性化、定制化服务提出更高要求。

产业链供应链安全水平存在隐患。国内存在区域协同发展不佳的问题。沿海地区由于具有较明显的传统产业优势与政策优势等，吸引高水平制造业要素加快集聚，逐步形成以广东、福建、江苏、浙江等沿海省份为主要分布区域的优势产业带。而中西部地区分布的产业相对薄弱、竞争力不强，或逐渐走向被淘汰，或被迫向其他区域转移，从而中西部地区出现产业链条断裂的现象。随着我国劳动力、土地等要素成本优势逐渐减弱，以我国纺织服装产业为主要代表的劳动密集型产业向东南亚地区外迁步伐加快，承接我国产业转移的主要国家包括越南、泰国、印度尼西亚、马来西亚等。此外，我国纺织服装行业原材料供应对外依赖度较高，在新冠疫情、大国博弈等情况下，纺织服装行业原材料大宗商品可能出现价格大幅上涨，甚至面临断供风险。

## 二、政策建议

强化美国对华贸易政策动态的研判分析，多部门联动建立健全相应的协同工作机制。探索建立全球纺织服装市场监测的常态化工作机制，建立国家主管部门统筹、行业协会具体实施、企业积极参与响应的工作体系，为适时调整我国纺织服装产品出口政策提供支撑。推进国内纺织服装企业对外出口的法律合规服务建设。加强与美国、欧洲等跨国公司在纺织服装上下游产业领域开展技术合作，建设并持续优化基于市场化、法治化、国际化的营商环境，加大对美国、欧盟来华投资的吸引力度，以期与上述国家或地区形成市场强捆绑。坚持推进对外开放，积极开展、参与纺织服装领域的国际双多边产业、贸易合作，巩固提升我国大国地位与国际影响力。

围绕纺织新材料、纺织绿色制造、先进纺织制品、纺织智能制造等重点领域，运用“揭榜挂帅”“赛马制”等方式，支持相关企业、高等院校等共建创新中心、研发基地等，联合开展纺织服装关键技术（装备）攻关，以及与人工智能、5G 等新信息技术融合应用研究，加快建设一批国际领先的智能制造示范工厂、绿色工厂，赋能企业推进数字化、绿色化转型。持续开展智能制造进园区活动，提升园区整体智能制造水平，带动园区内中小企业的改造和提升。加快推进纺织服装相关行业的大数据平台、大数据库建设，推动行业数据要素高水平汇聚，加大人工智能、工业互联网等技术在工业大数据领域的应用程度，助推数据分析处理能力跃升与开发利用水平提高。着力建设纺织服装行业数字化转型公共服务平台，强化企业、高等学校、科研院所等在新信息技术领域专业人才培养，加强纺织服装行业的专业化服务能力。

深入实施区域协调发展战略，支持引导东南沿海地区将成本敏感环节和产业链供应链关键环节转移至国内低成本地区。加快推行“梯队转移”策略，促进劳动密集型产业和环节优先向中西部地区及东北地区有序转移，以有效延缓产业外迁步伐。综合考量产业迁入国与我国竞争关系、对我国产业链依赖度及我国对其产业链供应链影响力等因素，制定适合我国纺织服装产业的外迁政策。加强与国土资源、农业、林业等主管部门协作，加强对全国棉花等主要原材料产地的适产度进行监测、管理、治理，以及资源利用的协调、统筹、配置等；引导农业林业相关行业协会、高等院校、科研院所、企业等，在新品种改良、设备更新、科学管理、提质增产等方面加强合作，提升棉花、丝等纺织服装原材料的产量和质量。会同农业、林业、应急管理等相关部门，制定极端情况下我国纺织服装原材料保供应急预案。

第八章

# 钢铁

## 第一节　行业发展情况

钢铁行业作为国家经济的支柱产业之一，为建筑业、机械设备、汽车制造、家用电器及船舶建造等领域提供关键原材料。该行业的兴衰与宏观经济的波动、固定资产投资的大小及其构成紧密相连。钢铁行业一般可细分为铁矿石开采、钢铁冶炼、钢材加工（特钢）等。

### 一、发展概况

钢铁行业是关键的基础材料产业，其具有显著的周期性波动特征。钢铁产量受终端需求和政府政策的影响较大。2021—2023 年，中国的粗钢产量分别为 10.3 亿吨、10.1 亿吨和 10.2 亿吨，呈现波动中趋降的态势。2021 年上半年，因国内外需求的增长，中国的粗钢总产量达到了 5.6 亿吨，同比增长 11.8%；然而，2021 年下半年，随着政府“削减粗钢产量”等政策的落地，粗钢产量连续 6 个月出现同比下降，2021 年中国的粗钢产量较 2020 年减少了约 3200.0 万吨。2022 年，由于终端需求的疲软和行业盈利压力的增加，中国的粗钢产量继续呈现下降趋势。2023 年，一方面国内钢材需求持续低迷；另一方面钢材出口量同比显著增加，中国的粗钢产量与 2022 年相比变化不大。2024 年第 1 季度，由于下游有效需求的不足及春节后需求恢复的延迟等因素，中国的粗钢产量同比略有下降，降幅为 1.9%。

## 二、行业产业链情况

钢铁行业是典型的流程型生产行业，从产业链看，钢铁行业上游为铁矿石、焦炭等原材料及能源供应，中游为钢材生产，下游应用十分广泛，可作为基础原料应用于建筑、机械、汽车等行业。

### （一）上游：铁矿石依赖进口，焦炭国内供应稳定

铁矿石及焦炭是炼钢的核心原料。我国铁矿石储量有限，主要从澳大利亚、巴西进口。“十三五”时期，我国铁矿石对外依存度高达 80%以上。国内铁矿石行业集中度仍然较低，主要矿区分布在华北、东北、华中、华东、西南和海南，铁矿石企业以国企居多。2023 年，我国铁矿石产量为 99055.5 万吨，铁矿砂及精矿进口量为 117906.0 万吨，铁矿石进口的数量较大。我国焦炭供应充足，产量较为稳定，焦炭产能主要集中在华北地区，占焦化总产能的 43%左右。2023 年，我国焦炭进出口总额呈现基本稳定的态势，在上半年历经短暂下滑后，下半年逐步回升，其中，国内进口焦炭总额从 2023 年 7 月的 38.9 亿美元回升至 12 月的 51.6 亿美元，国内出口焦炭总额从 2023 年 7 月的 1.9 亿美元回升至 12 月的 3.3 亿美元，焦炭进口总额远超出口总额。

### （二）中游：钢材生产采用“长流程”工艺

钢铁是制造业的重要基础。钢铁产品种类繁多，规格和形态多样化，需求量巨大，用户数量和种类繁多。这些特点使钢铁的生产流程及工艺变得非常复杂。钢材生产主要采用长流程工艺，同时也在推动短流程工艺炼钢的发展。长流程工艺以铁矿石和焦炭为主要原料，经过高炉和转炉的生产，得到粗钢，然后通过炉外轧制，转化为钢材。短流程工艺以废钢为主要原料，直接通过电炉转化为粗钢，再经过炉外轧制，转化为钢材。与长流程工艺相比，短流程工艺更加节能环保。然而，由于废钢的保有量和循环量较少，短流程工艺的成本较高，我国的炼钢工艺仍然以长流程工艺为主，占比约为 90%，而美国、日本和欧洲等发达国家则以短流程工艺为主，美国的短流程工艺占比达到了 70%。根据《“十四五”原材料工业发展规划》的要求，2025 年，我国电炉钢的产量占粗

钢产品的比例需要提升至 15%以上。

### （三）下游：需求多样化，消费集中在建筑行业

中国生产的钢材绝大多数用于满足国内需求，出口比例较小。在国内市场中，建筑业是钢材消费的主要需求来源，同时，机械制造、汽车制造、船舶制造、能源行业、家电制造，以及交通建设等行业也是钢材消费的重要领域。

钢铁行业的下游需求具有 3 个显著特征。一是建筑业的需求波动对钢铁行业影响较大。自 2021 年以来，房地产行业的持续不景气导致了用钢需求的减少。二是下游需求的分布较为广泛，在经济结构调整的过程中，经常会出现新的细分行业需求。制造业的转型升级及智能化发展直接推动了国内对特殊钢材需求的增长。三是随着下游行业转型升级，对钢材产品的个性化需求和定制化需求逐渐上升。

## 第二节　重点企业发展情况

### 一、中国宝武钢铁集团

中国宝武钢铁集团有限公司（以下简称“中国宝武”）是一家由中央直属管理的国有重要骨干企业，同时也是钢铁行业龙头企业，其总部设在上海。2017，中国宝武推出了“双弯弓搭箭”的产业布局战略，旨在构建沿江（长江）、沿海（海岸线）、沿路（丝绸之路）、沿线（胡焕庸线）的产业布局。在这一战略的指引下，中国宝武成功重组了马钢集团、太钢集团、重钢集团和新钢集团等，实现了在沿江沿海地区的“双弯弓搭箭”式国内空间布局。

2020 年，中国宝武被国务院国有资产监督管理委员会选为创建世界一流示范企业的中央企业之一。2022 年，该公司获得了国有资本投资公司的资质，并开始了新型低碳冶金现代产业链的“链长”建设。2023 年，中国宝武的资产总额约为 1.4 万亿元，其钢铁年生产总量达到了 1.3 亿吨，营业收入达到了 1.1 万亿元，员工总数为 22.3 万人。在 2023 年公布的《财富》全球 500 强企业榜单中，中国宝武排名达到了第 44 名，

在世界钢铁行业继续保持较为靠前的位置。

## 二、鞍钢集团

鞍山钢铁集团有限公司（以下简称“鞍钢集团”）是一家由中央直接管理的国有大型企业。鞍钢集团作为新中国成立后第一个再建的大型钢铁联合企业，是最早的钢铁生产基地，对国家经济建设和钢铁工业的建设发挥了重要作用，为我国工业化进程做出了巨大贡献。鞍钢集团的重建和发展，不仅标志着我国钢铁工业的复苏，也体现了我国推动国家工业化的决心和成就。鞍钢集团不仅是世界 500 强企业之一，也是关键的制造业领军企业，作为我国资源优势最显著的钢铁企业，其有效地控制了位于辽宁、四川及澳大利亚卡拉拉的丰富铁矿、钒和钛资源。

鞍钢集团是中国首批被评为“创新型企业”的企业之一，也是中国首个具备成套技术输出能力的钢铁企业。其生产的汽车用钢、铁路用钢、造船和海洋工程用钢、桥梁钢、核电钢、家电用钢、集装箱用钢、电工钢、石油石化用钢、高端制品用钢和特殊钢等系列产品在国内处于领先地位，这些产品在我国的众多重要工程和项目中发挥了关键作用，如“西气东输”工程、青藏铁路、京津高速铁路、三峡水利枢纽工程、国家体育场、具有自主知识产权的“华龙一号”核电站、港珠澳大桥，以及标志着我国航天事业成就的神舟系列飞船等。这些应用展示了我国钢铁及其他相关工业产品的卓越性能和广泛适用性，为国家的现代化建设做出了突出贡献。

为推动绿色发展，鞍钢集团明确了自身低碳冶金的发展蓝图，阐述了低碳成长的期望，并提出了“三项使命”“五条发展路径”。该集团计划在 2025 年实现碳排放总量达到峰值；到 2035 年，碳排放总量较峰值降低 30%，吨钢碳排放强度降低 30%以上。该集团低碳发展愿景是成为世界钢铁行业碳中和的先锋。“三项使命”包括成为绿色钢铁的先行者、低碳技术的引领者和美好家园的守护者。“五条发展路径”具体指：一是优化产业格局和流程，包括推进兼并重组、优化产业布局、再造工艺流程、提升能效和减排降碳；二是减少资源消耗，推动产品全生命周期管理、绿色生产和低碳材料制造，降低社会资源消耗；三是优化能源结构，布局新能源产业、调整能源结构、发展储能技术和构建多能互补的

能源体系；四是建设绿色矿山示范，利用先进采选技术提高矿产资源利用效率，发展绿色能源，加大复垦力度，增加生态碳汇；五是前沿技术创新，坚持科技创新引领，加快低碳冶金技术和碳捕集、利用与封存技术的研发应用，并开放共享成果。

## 第三节　典型案例和经验做法

### 一、宝钢股份构建智慧制造体系

#### （一）企业基本情况

2000 年 2 月，宝山钢铁股份有限公司（以下简称“宝钢股份”）由上海宝钢集团公司独家创立，宝钢股份拥有上海宝山、武汉青山、湛江东山、南京梅山等主要制造基地，在全球上市钢铁企业中粗钢产量排名第 2 位、汽车板产量排名第 1 位、取向电工钢产量排名第 1 位，是全球碳钢品种最为齐全的钢铁企业之一。

#### （二）企业技术改造情况

宝钢股份开发了“流程管控+数字智能”双驱动的硅钢智慧决策系统，开创了研发、制造、服务等核心业务数字化融合的智能化决策支持新模式，构建了“1 个决策中枢+N 个智慧工厂”的智慧制造体系。具体措施主要包括以下 3 个方面。

一是构筑云边一体化协同业务平台，助力硅钢运营水平提升。宝钢股份构筑的云边一体化协同业务平台，将流程管控与数字智能相结合，采用灵活、分散的部署方式高效构建硅钢边缘节点，以 ePlat 平台及数据中台为基础，采用数据分析技术及 AI 技术，构建硅钢智慧决策系统，解决了现有 L1～L5 系统架构模式下的数字信息孤岛、业务功能割裂等问题，形成“流程管控+数字智能”双驱动的新型系统架构，云端决策优化指令直达边缘，实现云边决策控制一体的紧密耦合，支持硅钢专业化、平台化运营。

二是运用跨业务边界的智慧化决策支持模型，推动业务数字化决策。宝钢股份以硅钢智慧决策系统为平台，采用边缘部署、云端优化的云边协同方式，打通单层级静态模型间的数据通道，实现智能优化和业务修正相结合的工艺参数的最优化推荐，提高控制模型的准确率和稳定性。按照“三跨融合”智慧制造理念，开发了跨业务边界的硅钢全生命周期智慧决策支持技术，实现跨人机界面、跨业务边界的数字化、智能化融合，跨域业务互相渗透、互相关联、互相优化，推动硅钢制造管理转型升级。

三是构建全方位人机交互的极致效率工厂，促进硅钢事业部完成网络型组织变革。在硅钢智慧决策系统协同下，实现“智慧决策+智能装备”的深度融合和协同运用，使制造全过程生命体征实现数字化感知，形成全方位人机交互与自主协同控制方案。按区域“集中操控+现场维调点”多工位柔性布局，辅以“操检维调复合归一”岗位重构，区域内主作业线 100% 实现远程集中操控，为硅钢事业部“1 个决策中枢+N 个智慧工厂”的组织变革创造条件。

### （三）取得的成效

宝钢股份通过构建“1 个决策中枢+N 个智慧工厂”的智慧制造体系，推进网型组织变革和流程变革，与同规模传统工厂相比，智慧工厂工作效率提高 30%，高端产品生产效率提升 8.2%，制造失效发生率下降 50%，产品研发周期缩短 60%。

## 二、中新钢铁开展特钢板材技改升级

### （一）企业基本情况

中新钢铁特钢板材技改升级项目由中新钢铁集团有限公司（以下简称“中新钢铁”）投资建设，中新钢铁成立于 2003 年，是徐州市年产值超百亿元的重点企业，现有员工 3000 多人。该公司现已形成了包括石灰、烧结、炼铁、制氧、炼钢、连铸、轧钢，以及水、电、风、气工序在内的钢铁联合企业，公司自动化程度高，环保设施完善，全厂实现了操作自动化、管理信息化、生产清洁化。该公司注重产业结构的调整和延伸，在环保超低排放、资源循环利用基础上，实现转型升级、高质量发展。

## （二）项目建设内容

该项目总投资 150 亿元，建设 2 座 2050 立方米炼铁高炉、2 台 120 吨炼钢转炉、2 台 120 吨 LF 精炼炉、1 台 RH 炉、1 台 VD 炉、2 台 10 流方坯连铸机、2 台 1650mm 双流板坯连铸机、1 条 1780mm 热连轧及 2 条棒材和 1 条线材热轧生产线，并配套建设带式烧结机、双膛石灰窑、链篦机回转窑、空分制氧站、钢渣热闷提取、废钢加工，以及综合机械化料场和公辅设施等工程。该项目建成后，中新钢铁将成为徐州最大的特种装备新材料生产基地。

## （三）取得的成效

### 1. 置换装备升级，钢铁产能压减

中新钢铁本次置换的 4 家企业均为徐州市区域内钢铁企业，被置换的 4 家企业现有装备为限制和淘汰类设备，本次通过减量置换升级后，对照《产业结构调整指导目录》（2013 年修订），本项目装备均不属于限制类和淘汰类。根据《钢铁行业产能置换实施办法》，按照 1.25∶1 的置换要求，本项目建成后，徐州市区域的炼铁产能将压减 87.3 万吨，炼钢产能压减 70 万吨。

### 2. 废气污染物减排明显，整体环境质量改善

本项目为钢铁产能减量置换升级项目，项目建成后，中新钢铁按照《江苏省钢铁企业超低排放改造实施方案》中所有生产产污环节实施超低排放的要求，烧结机机头和球团焙烧设备的烟气颗粒物、二氧化硫、氮氧化物排放浓度分别不高于 10 毫克/立方米、35 毫克/立方米、50 毫克/立方米，其他炼钢、炼铁等主要生产工序的烟气颗粒物、二氧化硫、氮氧化物排放浓度分别不高于 10 毫克/立方米、50 毫克/立方米、150 毫克/立方米。

根据《新沂市冶金产业园开发建设规划环境影响报告书》，新沂市经济开发区范围内在 2019—2020 年将全力实施超低排改造和环境整治工作，大幅削减区域内颗粒物、二氧化硫、氮氧化物的排放量，根据大气环境影响预测结果，本项目建成后，在区域削减落实到位的情况下，新沂市区域环境会得到一定的改善。

3．其他污染物排放稳定达标，清洁生产国内先进

本项目具有高耗水的特点，在废水方面，本项目生产用水采用梯级循环利用形式，废水设置两个层次的循环利用，第一层次为各生产单元设置为本单元服务的生产废水循环处理系统，各单元的生产废水经处理后返回本单元重复利用；第二层次为各生产单元循环系统排出的废水经中央污水处理系统集中处理后统一分配至各生产单元，全厂生产废水经厂内中央污水处理站深度处理后，全部回用于生产单元，不外排，生活污水经厂内预处理后接管新沂市城市污水处理厂处理达标后排放。在固废方面，本项目的固废主要是除尘灰、污水处理过程产生的含铁污泥、废钢渣、脱硫灰等，中新钢铁对厂内的含铁固废用作烧结或球团的原料进行循环利用，脱硫灰、高炉渣、废耐火材料均外售或厂家回收进行综合利用，废机油、废催化剂等危险废物委托有资质单位进行安全处置。

对照《钢铁联合企业清洁生产评价指标体系》中的基准限值，本项目限定性指标全部满足Ⅰ级基准值要求，清洁生产水平能够满足国内先进清洁生产水平。对照《钢铁行业污染防治最佳可行技术导则——炼钢工艺》，本项目废气、废水、固废治理措施符合推荐的最佳可行技术导则，力求将污染物排放降到最低。

## 第四节　困难挑战及政策建议

### 一、困难和挑战

#### （一）钢铁行业缺乏原创性

尽管我国钢铁行业在发展过程中取得了一定的成就，但在技术原创性方面仍存在不足。我国自主研发的技术相对较少，大多数技术都是引进于国外，而且即使是自主研发的技术，也往往无法达到国际先进水平。这一点从侧面说明，我国的技术水平与国际相比，仍有较大差距。因此，缺乏原创性已成为制约钢铁行业发展的一个重要因素。

#### （二）钢铁行业集中率低

我国钢铁企业不管是规模还是数量，与发达国家相比都有较大的差

距。我国钢铁企业存在规模较小，能源利用率不高的问题，而且还会因为能源消耗过多，而造成严重的环境污染。

### （三）重点污染源减排有待改善

尽管我国的钢铁行业在大气污染物排放绩效方面已经取得了显著进步，但由于钢铁产业的环保投入不足、管理水平较低，污染物排放强度与国际先进水平相比仍有较大差距。如果我国的钢铁企业能够全面达到国际先进水平的大气污染物排放指标，那么大气污染物的排放总量将会显著减少。虽然脱硫设施的覆盖率较高，但脱硫设施的整体运行效果并不理想。脱硫设施的建设质量参差不齐、烟气通过旁路排放、烧结脱硫设施未能正常运行，以及运营维护不善等问题尤为突出。

## 二、政策建议

针对钢铁行业发展面临的困难和挑战，以新发展理念为主线，推进钢铁行业全面健康发展，建议从以下 4 个方面入手。

### （一）着力提升科技创新能力

钢铁产业是我国构建现代化产业体系的基础。坚持走高质量发展之路，以科技创新作为驱动力，持续增加在产品开发、原创技术，以及颠覆性技术等方面的研发投入。利用工业物联网、大数据等智能制造技术优化生产流程，促进数字化、智能化等新技术与产业的深度融合。此外，还需要坚持供给侧结构性改革，扩大有效需求，专注于创新成果的高效转化，开发高端市场需求，拓展钢铁材料的应用范围，实现市场的多元化发展，着力推动新型工业化。

### （二）践行绿色低碳发展理念

钢铁行业的转型关键在于实现绿色低碳发展，钢铁行业碳减排工作的落实对于实现“双碳”目标至关重要。加快钢铁行业低碳排放相关标准的研究进程，在世界钢铁绿色发展进程中发挥中国的引领作用。利用数字化技术推动碳减排、超低排放和极致能效的协同发展，提高资源能源利用效率。加大绿色低碳技术的研发和应用，在产品研发、生产工艺、

管理模式、环境治理等方面进行深刻变革，降低碳排放，努力构建一个绿色、低碳、可持续的产业体系。

### （三）推动产能治理

长期以来，钢铁企业以规模取胜的发展理念并未完全改变，产能数据基础的不稳固制约行业治理体系和治理能力的现代化水平。当前的产业集中度与国家规划预期存在一定差距，难以支持行业自律机制的有效运行。为解决以上问题，钢铁行业有必要创建新的产能治理机制和优化联合重组政策导向，以优化行业运行秩序、改善行业发展环境，形成以能耗或碳排放为主要导向的促进优质先进产能充分发挥的钢铁生产的导向性规则。

### （四）加强资源保障能力

随着中国经济的持续发展，城镇化和工业化率的提升，中国产业结构将进行相应调整，资源保障问题需要着重关注。我国的钢铁需求总量和产量将保持高水平，对资源的需求保持高强度。要加大国内铁矿山投资，降低矿山企业税负，通过政策支持、税费减免、企业挖潜等手段降低铁精矿的生产成本。提升国内铁矿的自给能力和废钢铁加工企业的规范发展水平，继续推进海外铁矿项目的投资和开发利用。在国家各部门的大力支持下，继续发挥钢铁协会的桥梁和平台作用，加强与相关单位的沟通交流，形成共识，积极建言献策，在推进铁矿石采购优化和铁资源开发方面发挥更加积极的作用。

第九章

# 通用机械

## 第一节　行业发展情况

### 一、发展概况

通用机械行业作为制造业发展的基础，在实现制造强国战略中扮演着不可或缺的重要角色。2023 年，我国通用机械行业运行总体保持平稳增长态势，主要产品产销数据呈现较高水平，行业整体效益继续提升，为推进新型工业化、建设制造强国做出重要贡献。2023 年，通用机械行业规模以上企业营业收入为 10217.2 亿元，同比增长 4.3%；利润总额达到 835.7 亿元，同比增长 10.5%，规模以上企业数量达到 7889 家，截至 2023 年年底，通用机械行业资产总额为 12199.6 亿元。从产品出口看，根据研究机构统计，2023 年，中国通用机械设备出口总额约为 562.2 亿美元，较 2022 年增长了 5.5 亿美元，同比增长 1.7%。

### 二、产业科技创新情况

在技术创新推动通用机械行业创新方面，泵、风机、压缩机、阀门等通用机械行业 12 大领域重点企业，加强关键核心技术攻关，在产业创新方面均取得了一批突出的创新成果。在泵领域，伴随着我国第三代核电技术国产化开发和应用，沈阳鼓风机集团股份有限公司（以下简称“沈鼓集团”）为 CAP1400 非能动压水堆核电站研制出新一代屏蔽电机主泵。该主泵是世界首台 50Hz 大型屏蔽泵，是目前世界上功率和体积最大的屏蔽电机泵，产品结构简洁、无轴封、零泄漏、效率高，安装空间小，无须日常维护，使役周期可达到 60 年。目前已经完成样机耐久试验，并通过行业鉴定，产品性能达到国际先进水平，该机组的成功研制使我国拥有了自主知识产权的三代核电屏蔽主泵技术。在风机领域，上海电气鼓风机厂有限公司（以下简称“上鼓”）斩获国家重点科技项目的心脏——由 6 台 14 米、单台功率达 46.7MW 风扇组成的世界最大的大型阵列风扇项目。在压缩机领域，中国石化工程建设有限公司“100 万吨/年乙烯装置甲烷尾气膨胀—再压缩机组”国产化开发项目正式启动。在阀门领域，40 家企业参与起草的《工业阀门的逸散性试验》国家标准于 2023 年 7 月 1 日实施，兰州高压阀门有限公司（以下简称“兰高阀”）主持修订的国家标准《通用阀门不锈钢铸件技术条件》获批实施，“大口径强制密封球阀、轴流式调节阀国产化”项目研制产品——NPS24 Class 900 强制密封球阀顺利通过工业性试验验收，该成果具有自主知识产权。在分离设备领域，《空气分离设备术语》国家标准发布实施，中科富海科技股份有限公司（以下简称“中科富海”）为先进能源科学与技术广东省实验室高能量密度测试平台提供的氦制冷机产品顺利通过用户及专家组现场验收。青海省首个“揭榜挂帅”重大科技专项“盐湖老卤制备无水氯化镁关键技术研究及应用”项目通过验收，在青海盐湖镁业有限公司原生产线基础上建成世界唯一的一条产能超过每小时 6 吨的生产线，实现连续稳定运行，成果达到国际领先水平。在真空设备领域，合肥东昇智能装备股份有限公司（以下简称“合肥东昇”）的大型叠层金属化薄膜真空卷绕镀膜机通过德国莱茵金属验收，产品实现远销海外，用于生产超级聚合物电容器，应用于新能源、航空航天、军工等领域。山东华成集团淄博水环真空泵厂有限公司某部队工程抽真空机组顺利通过出厂验收，创造了超大型罗茨水环真空机组新的世界纪录。在减速器领域，中国通用机械工业协会提出和发布的《H/R 系列齿轮减速器通用技术规范》成功入选工业和信息化部 2023 年团体标准应用示范项目。

## 三、数字化、绿色化升级情况

从数字化升级看，2023 年，中国通用机械行业在高端化、智能化升级方面取得了显著进展，智能制造实施能力与行业应用水平稳步提升，新信息技术与通用机械融合发展不断深化、为各行各业推动行业数字化转型、智能化升级打下了坚实基础。在推动智能化升级的过程中，重点开展联通生产工序，提升生产效率；打通产业链条，加快实现产品生产周期信息化；引入先进制造手段，实现机器换人；提升通用机械产品智能化水平，加快服务化发展等。如浙江恒齿传动股份有限公司获评2023年智能工厂（数字车间）荣誉，济宁安泰矿山设备制造有限公司、鞍山钢峰风机有限责任公司等企业获评省级智能工厂，中密控股股份有限公司获评成都市智能工厂，上海沪工阀门厂（集团）有限公司获评上海市嘉定区智能工厂。在绿色化升级方面，2023年4月1日，11部门发布了《碳达峰碳中和标准体系建设指南》，对通用机械行业的绿色发展具有较强的指导意义，推动了国内通用机械企业的绿色化转型，如上海阿波罗机械股份有限公司获评国家级“绿色工厂”，常州范群干燥设备有限公司获国家级“绿色工厂”，江苏国茂减速机股份有限公司获评2023年度国家级“绿色供应链管理企业”。

## 四、行业政策

国家层面围绕机械工业出台了一系列重要的产业政策，推动工业实现高质量发展。如工业和信息化部联合财政部、商务部、农业农村部等7个部门联合印发了《机械行业稳增长工作方案（2023—2024年）》，明确提出机械行业是为国民经济、国防军工和民生事业发展提供技术装备的基础性和战略性产业，为夯实国家制造能力和综合国力提供了重要支撑，为稳住工业经济大盘“压舱石”做出了突出贡献。机械行业涉及制造业、建筑业、农业、交通运输业、科研、人民生活等方方面面，承担了促进跨行业、跨领域技术进步和工艺水平提升，满足人民美好生活需要的重要任务。如工业和信息化部、国家发展和改革委员会、教育部等8部门联合发布《“十四五”智能制造发展规划》，提出智能制造是制造强国建设的主攻方向，其发展程度直接关乎我国制造业质量水平。发展智能制造对巩固实体经济根基、建成现代产业体系、实现新型工业化具有重要作用。提出了坚持市场主导、坚持融合发展、坚持安全可控、坚持系统推进四方面原则，以及70%的规模以上制造业企业基本实现数字化、网络化，建成 500 个以上引领行业发展的智能制造示范工厂，智能制造装备和工业软件技术水平和市场竞争力显著提升，市场满足率分别超过 70% 和 50% 等一系列发展目标，对通用机械行业“智转数改”发展具有重要的指导意义。在行业层面，依据《中华人民共和国国民经济和社会发展第十四个五年规划纲要和 2035 年远景目标纲要》《能源生产和消费革命战略（2016—2030）》，为明确“十四五”期间机械行业的发展思路、目标及重点任务，引导行业健康可持续发展，加快新旧动能转换、深化产业结构调整、提升产业链水平。中国通用机械工业协会发布《通用机械工业行业“十四五”发展规划》。该规划从行业经济运行、产品技术水平、产业转型升级、产业国际化水平、产业标准化水平等方面提出了通用机械行业“十四五”期间的发展目标（见表 9-1）。

**表 9-1　国家层面通用机械行业相关政策**

| 序号 | 政策名称 | 主要发文单位 |
| --- | --- | --- |
| 1 | 《智能检测装备产业发展行动计划（2023—2025 年）》 | 工业和信息化部 |
| 2 | 《关于统筹节能降碳和回收利用　加快重点领域产品设备更新改造的指导意见》 | 国家发展和改革委员会 |
| 3 | 《关于推动铸造和锻压行业高质量发展的指导意见》 | 工业和信息化部 |
| 4 | 《制造业可靠性提升实施意见》 | 工业和信息化部 |
| 5 | 《机械行业稳增长工作方案（2023—2024 年）》 | 工业和信息化部 |
| 6 | 《关于支持首台（套）重大技术装备平等参与企业招标投标活动的指导意见》 | 工业和信息化部 |
| 7 | 《锅炉绿色低碳高质量发展行动方案》 | 国家发展和改革委员会 |
| 8 | 《国家鼓励的工业节水工艺、技术和装备目录（2023 年）》 | 工业和信息化部 |
| 9 | 《关于加快传统制造业转型升级的指导意见》 | 工业和信息化部 |
| 10 | 《机电产品再制造行业规范条件》 | 工业和信息化部 |
| 11 | 《重点用能产品设备能效先进水平、节能水平和准入水平（2024 年版）》 | 国家发展和改革委员会 |
| 12 | 《推动大规模设备更新和消费品以旧换新行动方案》 | 国务院 |
| 13 | 《绿色低碳转型产业指导目录（2024 年版）》 | 国家发展和改革委员会 |

资料来源：赛迪智库整理，2024 年 5 月。

# 第二节　重点企业发展情况

## 一、示范企业培育情况

在国家制造业单项冠军企业认定方面，根据第八批制造业单项冠军示范企业遴选认定和第二批、第五批制造业单项冠军示范企业复核的公示信息显示，全国共有388家企业进入“第八批制造业单项冠军示范企业”名单，266家企业通过第二批、第五批制造业单项冠军示范企业复核。在通用机械领域，约16家重点企业进入第八批公示名单、6家企业通过第二、第五批复核（见表9-2）。入榜企业具有较强的创新实力、较强的市场竞争力并在产业链关键环节具有重要的影响力。在高端市场方面，高端碳化硅特种陶瓷制品、磁悬浮鼓风机、永磁传动器等产品的突破和行业应用，都是近年来通用机械行业产业科技创新的代表。离心泵高压水除磷系统、渣浆泵、凸轮式转子泵等产品对各行各业发展起到了重要的支撑作用，具有很高的市场认可度和市场份额。核电风阀、防爆交流异步电动机、核电蝶球阀等产品，已经成为国家重大装备和重点工程不可或缺的关键部件，对维护国家产业链供应链安全稳定具有重要的保障作用。

表9-2　2023年通用机械行业部分进入第八批制造业单项冠军示范企业及通过第二仳、第五批制造业单项冠军示范企业复核企业名单

| 序号 | 2023年通用机械行业部分进入第八批制造业单项冠军示范企业及产品名单 |
|---|---|
| 1 | 上海凯泉泵业（集团）有限公司，“清水离心泵” |
| 2 | 重庆水泵厂有限责任公司，“离心泵高压水除磷系统” |
| 3 | 宁波得利时泵业有限公司，“凸轮式转子泵” |
| 4 | 宁波伏尔肯科技股份有限公司，“高端碳化硅特种陶瓷制品” |
| 5 | 迈格钠磁动力股份有限公司，“永磁传动器” |
| 6 | 襄阳五二五泵业有限公司，“渣浆泵” |
| 7 | 山东天瑞重工有限公司，“磁悬浮鼓风机” |
| 8 | 卧龙电气南阳防爆集团股份有限公司，“防爆交流异步电动机” |
| 9 | 石家庄先楚核能装备股份有限公司，“核电风阀” |

续表

| 序号 | 2023年通用机械行业部分进入第八批制造业单项冠军示范企业及产品名单 |
|---|---|
| 10 | 江苏神通阀门股份有限公司，“核电蝶球阀” |
| 11 | 江苏苏盐阀门机械有限公司，“石油装置用抗硫中高压阀门” |
| 12 | 南京科远智慧科技集团股份有限公司，“电力发电智能分布式系统” |
| 13 | 苏州纽威阀门股份有限公司，“石化用工业阀门” |
| 14 | 江苏华大离心机制造有限公司，“立式刮刀卸料离心机” |
| 15 | 威海市海王旋流器有限公司，“旋流器” |
| 16 | 天华化工机械及自动化研究设计院有限公司，“蒸汽管回转圆筒干燥机” |
| 序号 | 2023年通用机械行业部分通过第二批、第五批制造业单项冠军示范企业复核企业及产品名单 |
| 1 | 西安陕鼓动力股份有限公司，“轴流压缩机” |
| 2 | 玫德集团有限公司，“可锻性铸铁及铸钢管子附件” |
| 3 | 成都成高阀门股份有限公司，“管线球阀” |
| 4 | 上海集优机械有限公司，“高强度紧固件” |
| 5 | 宁波鲍斯能源装备股份有限公司，“螺杆主机” |
| 6 | 杭州汽轮动力集团股份有限公司，“工业汽轮机” |

资料来源：赛迪智库整理，2024年5月。

在世界一流示范企业和世界一流专精特新示范企业认定方面，2023年3月16日，国务院国有资产监督管理委员会发布《关于印发创建世界一流示范企业和专精特新示范企业名单的通知》，共认定7家世界一流示范企业和200家世界一流专精特新示范企业，旨在促进企业提高核心竞争力和增强核心功能，努力打造一批产品卓越、品牌卓著、创新领先、治理现代的世界一流示范企业和专业突出、创新驱动、管理精益、特色明显的世界一流专精特新示范企业。在通用机械领域，共有约8家企业成功获得世界一流示范企业和世界一流专精特新示范企业的认定（见表9-3）。

表9-3　2023年通用机械行业世界一流示范企业和世界一流专精特新示范企业认定名单

| 序号 | 2023年通用机械行业世界一流示范企业和世界一流专精特新示范企业认定名单 |
|---|---|
| 1 | 合肥通用机械研究院有限公司 |

续表

| 序号 | 2023年通用机械行业世界一流示范企业和世界一流专精特新示范企业认定名单 |
|---|---|
| 2 | 哈电集团哈尔滨电站阀门有限公司 |
| 3 | 沈阳鼓风机集团股份有限公司 |
| 4 | 杭州汽轮动力集团股份有限公司 |
| 5 | 杭氧集团股份有限公司 |
| 6 | 重庆水泵厂有限责任公司 |
| 7 | 重庆川仪调节阀有限公司 |
| 8 | 陕西鼓风机（集团）有限公司 |

资料来源：赛迪智库整理，2024年5月。

在专精特新“小巨人”企业认定方面，《工业和信息化部关于促进中小企业“专精特新”发展的指导意见》提出培育一批集中于新信息技术、高端装备制造、新能源、新材料、生物医药等中高端产业领域的尚处发展早期的小型企业。专精特新“小巨人”企业重在突出企业的专业化、产品的精致性、工艺技术的精深性和企业的精细化管理，产品或服务的独特性与特色化，自主创新、模式创新与新颖化等方面的引导，持续培育企业向专精特新发展，在重点领域形成点线面相串联的产业发展体系。工业和信息化部发布了第三批专精特新“小巨人”企业名单，通用机械行业约60家企业上榜（见表9-4）。

**表9-4 工业和信息化部第三批专精特新“小巨人”企业认定中部分通用机械行业专精特新“小巨人”企业名单**

| 序号 | 企业名称 |
|---|---|
| 1 | 北京京仪自动化装备技术股份有限公司 |
| 2 | 北京建筑材料检验研究院有限公司 |
| 3 | 北京中科富海低温科技有限公司 |
| 4 | 天津银河阀门有限公司 |
| 5 | 博纳斯威阀门股份有限公司 |
| 6 | 沃德传动（天津）股份有限公司 |
| 7 | 天津卡尔斯阀门股份有限公司 |

续表

| 序号 | 企业名称 |
| --- | --- |
| 8 | 石家庄阀门一厂股份有限公司 |
| 9 | 沈阳工业泵制造有限公司 |
| 10 | 鞍山钢峰风机有限责任公司 |
| 11 | 辽宁恒星泵业有限公司 |
| 12 | 哈尔滨哈东新春锅炉有限公司 |
| 13 | 上海仪器仪表自控系统检验测试所有限公司 |
| 14 | 上海联合滚动轴承有限公司 |
| 15 | 苏州伟创电气科技股份有限公司 |
| 16 | 蓝深集团股份有限公司 |
| 17 | 江苏苏盐阀门机械有限公司 |
| 18 | 南京磁谷科技股份有限公司 |
| 19 | 江苏圣泰阀门有限公司 |
| 20 | 杭州杭氧工装泵阀有限公司 |
| 21 | 德帕姆（杭州）泵业科技有限公司 |
| 22 | 欧维克集团有限公司 |
| 23 | 嘉利特荏原泵业有限公司 |
| 24 | 江南阀门有限公司 |
| 25 | 超达阀门集团股份有限公司 |
| 26 | 安徽铜都流体科技股份有限公司 |
| 27 | 黄山工业泵制造有限公司 |
| 28 | 安徽方兴实业股份有限公司 |
| 29 | 安瑞科（蚌埠）压缩机有限公司 |
| 30 | 三联泵业股份有限公司 |
| 31 | 福州万德电气有限公司 |
| 32 | 福建立信换热设备制造股份公司 |
| 33 | 力达（中国）机电有限公司 |
| 34 | 山东双轮股份有限公司 |
| 35 | 浙江康帕斯流体技术股份有限公司 |
| 36 | 开封黄河空分集团有限公司 |

续表

| 序号 | 企业名称 |
|---|---|
| 37 | 湖北洪城通用机械有限公司 |
| 38 | 湖北同方高科泵业有限公司 |
| 39 | 襄阳五二五泵业有限公司 |
| 40 | 湖南耐普泵业股份有限公司 |
| 41 | 湖南元亨科技股份有限公司 |
| 42 | 长沙佳能通用泵业有限公司 |
| 43 | 湖南崇德科技股份有限公司 |
| 44 | 湖南凯利特泵业有限公司 |
| 45 | 利欧集团湖南泵业有限公司 |
| 46 | 广东汇成真空科技股份有限公司 |
| 47 | 广西华原过滤系统股份有限公司 |
| 48 | 四川金星清洁能源装备股份有限公司 |
| 49 | 四川长仪油气集输设备股份有限公司 |
| 50 | 四川科力特硬质合金股份有限公司 |
| 51 | 希望森兰科技股份有限公司 |
| 52 | 成都中寰流体控制设备股份有限公司 |
| 53 | 陕西航天泵阀科技集团有限公司 |
| 54 | 西安西驰电气股份有限公司 |
| 55 | 大连斯频德环境设备有限公司 |
| 56 | 宁波一机阀门制造有限公司 |
| 57 | 宁波德曼压缩机有限公司 |
| 58 | 宁波合力机泵股份有限公司 |
| 59 | 宁波爱发科真空技术有限公司 |
| 60 | 厦门东亚机械工业股份有限公司 |

资料来源：赛迪智库整理，2024年5月。

## 二、部分企业发展情况

1. 国机通用机械科技股份有限公司

国机通用机械科技股份有限公司（以下简称“国机通用”）隶属于

中国机械工业集团有限公司，业务板块涉及环保工程、石油装备、制冷空调（包装机械）、过滤与分离机械、压缩机、阀门、风机、工业泵、高压水射流、机械密封、塑料管材、科普装备等领域。国机通用以促进提质扩量增效为目标，以新信息技术与流体机械行业深度融合为主线，以工业互联网平台和网络基础设施为支撑，加快推进行业的数字化转型，不断完善产业链，提升价值链，推动流体机械行业向高端化、绿色化、智能化的方向发展。2023 年，国机通用营业收入为 7.6 亿元。其中，塑料管材营业收入为 1.0 亿元；制冷试验装置及服务营业收入为 1.5 亿元；环保工程及系统集成营业收入为 3.0 亿元；其他非标流体机械产品及服务营业收入为 1.6 亿元；标准流体机械产品及服务营业收入为 0.2 亿元；其他产品和服务营业收入约为 0.3 亿元。从企业创新看，特种阀产品在超高压、尼龙化工、减温减压领域取得了新突破，相关产品完成国产化研制并成功投入市场。压缩机事业部在系列非标试验装置业务稳定发展的同时，重点拓展轨道交通制动用无油压缩机应用场景，并顺利完成 45MPa 隔膜式氢压机研发工作。该公司承担了安徽省重点研发项目“高浓有机及稀贵金属废水资源化关键提取装备的研制及示范应用”，流体机械事业部密封专业申报并获批国家重点研发计划“基于可控表面完整性的强韧与光整复合改性机械密封制造工艺链”课题。2023 年，该公司总计获得授权专利 29 件，发明专利 27 件；负责和参与完成编制并已发布的标准 25 项，其中，国家标准 10 项、国家军用标准 1 项、行业标准 9 项、团体标准 5 项。

2. 西安陕鼓动力股份有限公司

西安陕鼓动力股份有限公司（以下简称“陕鼓公司”）业务范围涵盖储能、石油化工、冶金、煤化工、电力、有色、硝酸、顺酐、发酵等国民经济支柱产业，是通用机械行业的龙头企业之一。2023 年，该公司营业收入为 101.5 亿元。在重点产品销售方面，轴流压缩机累计销售 79 台套、离心压缩机累计销售 94 台套、空分用压缩机累计销售 10 台套、工业流程能量回收透平装置累计销售 26 台套、透平鼓风机组累计销售 74 台套。同时，该公司还提供备件服务、检维修及远程在线服务、节能服务等。在创新方面，该公司将世界一流的储能技术与获得中国工业大奖的能源互联岛技术结合，具备了从中温到高温、从大型 350MW

到小型10MW不同储能规模压气储能核心设备的设计制造能力，实现了不同规模压气储能领域市场的全覆盖。该公司持续升级硝酸机组技术，提升能效水平，产品已用于15万～36万吨/年硝酸装置应用。AV140轴流压缩机现场一次试车成功，该轴流压缩机攻克了气动技术、结构设计、加工制造工艺，以及机组控制技术等多项技术难点，性能指标国际领先。该公司首创SHRT反发电技术，通过联合技术攻关实现技术降本，优化风门调节方式，实现烧结余热高效回收与发电，对后续冶金市场技术升级和产能置换具有重大意义。该公司深耕蓝海，在宽工况、平台抗震、海洋环境防腐、撬装设计、限重限尺寸等多方面持续钻研，研发的压缩机组能够满足海洋天然气增压数十种工况变化需求及抗震、抗风、抗疲劳要求，解决压缩机组在高湿、高盐、高硫化氢条件下长周期服役的腐蚀问题，设计难度大，技术含量高，打破了国外产品在海洋平台离心压缩机组的垄断，推动船用市场、海工市场的国产化进程。

3. 海天国际控股有限公司

海天国际控股有限公司（以下简称“海天国际”）是注塑机领域的龙头企业。2023年，在全球产业链结构性调整的背景下，海天国际控股有限公司持续多年的投资和布局起到了关键作用，企业实现逆势增长，全球市场份额持续攀升。截至2023年年底，海天国际销售收入为130.7亿元，与2022年同期相比增长了6.2%。2023年上半年，国内市场受下游消费需求放缓影响；从下半年开始，该公司持续推进产品迭代创新、深耕细分市场，加之民用品、日用品需求的复苏，该公司实现订单逆势增长。在海外市场方面，受益于全球产业链结构性调整及企业在海外的持续投入，欧洲、北美和东南亚部分国家和地区销售同比显著增加，产品海外销售额达到51.5亿元，同比增加17.3%。2023年上半年，全球汽车产业链特别是新能源汽车市场增长势头明显，该公司的Jupiter系列产品收益明显；而其他领域的整体偏弱。2023年下半年，得益于汽车产业链的支撑及民用、日用品需求的复苏，加之该公司持续推进产品创新迭代，其各系列注塑机产品都实现了环比增长。2023年，注塑机产品全年销售额达到124.5亿元，同比增长5.7%，注塑机部件及服务全年销售额达到6.2亿元，同比增长15.7%。在企业创新方面，该公司将价值链上下游产业的清洁低碳转型视为重要战略机遇，积极布局自动化生产、生物降解材料、材料轻量化、动力电池运输、可循环材料等智能可持续解决方案，以满足各行各业的可持续发展需求。2023 年，该公司推出更加节能高效的第五代机型，该机型综合运行能耗下降 20%～40%。全系列机型搭载了“管工厂 2.0”数字化管理软件，可最大程度满足客户对自动化、数字化生产的一站式需求。

4. 浙江三花智能控制股份有限公司

浙江三花智能控制股份有限公司（以下简称“三花智控”）是全球规模最大的制冷控制元器件和汽车热管理系统控制部件制造的全球领军企业，三花牌已经成为世界知名品牌，与全球多家车企和空调制冷电器企业建立了战略合作关系。经过三十多年的发展，企业已在全球制冷电器和汽车热管理领域确立了行业领先地位，该公司的空调电子膨胀阀、电磁阀、四通换向阀、车用电子膨胀阀、微通道换热器、Omega 泵、新能源车热管理集成组件等产品市场占有率位居全球第 1 位，车用热力膨胀阀、截止阀、储液器等产品市场占有率全球领先。2023 年，该公司的营业收入为 245.6 亿元，同比增长 15.0%。按照产品划分，制冷空调电器零部件产品的营业收入达到 146.4 亿元，同比增长 5.9%；汽车零部件产品营业收入为 99.1 亿元，同比增长 31.9%。在膨胀阀、电子水泵、电子膨胀阀、新能源车热管理集成组件等领域，该公司新能源汽车热管理产品销量达到 6251.8 万只，同比增长 52.3%；传统燃油车热管理产品销量达到 16950.9 万只，同比增长 31.4%。从企业创新看，作为国家高新技术企业，该公司聚焦智能控制领域，大力培育具有自主知识产权的核心技术，现已获国内外专利授权 3792 项，其中，发明专利授权 1879 项。

5. 浙江大元泵业股份有限公司

浙江大元泵业股份有限公司（以下简称“大元泵业”）是目前国内同行业中产品品类相对齐全、市场布局较为全面的泵业企业。企业的产品线具备较强的业务横向拓展能力。2023 年，企业营业收入达到 18.8 亿元，同比增长 12.0%。其中，井用潜水电泵营业收入为 1.8 亿元，陆上泵营业收入为 2.0 亿元，小型潜水泵营业收入为 3.2 亿元，化工屏蔽泵营业收入为 2.0 亿元，空调制冷屏蔽泵营业收入为 0.5 亿元，热水循环屏蔽泵营业收入为 8.6 亿元。从企业创新看，2021 年该公司入选国家

专精特新“小巨人”企业，其子公司合肥新沪新能源有限公司已成为我国屏蔽泵行业领军企业，是我国家多项屏蔽电泵产品的行业标准的主导起草单位，是智能热水循环屏蔽电泵产品企业领跑者标准的主导起草单位，是 GB12350 小功率电动机的安全要求国家标准的起草单位之一。该公司承担了 2023 安徽省科技创新攻坚计划《风力发电屏蔽泵节能减排关键技术的研发与产业化》。截至 2023 年年底，该企业共拥有各类专利 469 项，其中，拥有境内专利 463 项（发明专利 45 项、实用新型专利 332 项、外观专利 86 项）；拥有境外专利 6 项（发明专利 2 项、实用新型专利 2 项、外观专利 2 项）。

## 第三节　典型案例和经验做法

### 一、沈阳经验

沈阳市是我国老工业基地之一，集聚沈鼓集团、长春市第一水泵有限公司、沈阳盛世阀门有限公司等一大批发展底蕴深厚的通用机械企业，其扎实推进新型工业化的经验举措，是加快推动东北振兴、辽宁振兴的生动实践。从加快产业科技创新看，沈阳市通过开展“揭榜挂帅”攻关，推进“一城一园三区多组团”建设，推动浑南科技城建设，打造沈北科教融合园科创特区，打造工业园区 2.0，加强科技人才引育，推进机制体制改革等方式，统筹推进创新空间+平台+人才+生态多位一体的发展模式。从维护产业链供应链看，沈阳市提出强化集群发展，做强做大以机器人、数控机床、通用机械等为代表的高端装备制造业产业链，支持龙头企业打造一批试验、验证中心。从数字化、绿色化升级看，沈阳市提出夯实数字基础设施关键底座，加快“智改数转”步伐，打造多元化数字应用场景，建设全国数字名城。强化绿色发展，扎实推进碳达峰试点城市建设，鼓励龙头企业建立企业可持续的绿色供应链管理战略，实施伙伴式绿色供应商管理，加快推动工业领域节能降碳、绿色转型，构建绿色低碳的产业体系和清洁高效的能源体系。

### 二、杭州经验

杭州市集聚了制氧机集团、锅炉集团、前进齿轮箱集团等高端装备领域的通用机械企业，杭州市在推进新型工业化发展方面具有一些突出举措。2022 年 5 月，在全市制造业高质量发展大会上提出实施产业链链长制、打造五大产业生态圈。在产业链供应链安全稳定方面，杭州市提出“生态圈+产业链”协同推进。统筹推进智能物联、生物医药、高端装备、新材料和绿色能源等五大产业圈建设，统筹推进全市产业链韧性稳定和谋划培育工作，及时跟踪监测分析产业运行情况。杭州市发布了《加快推进高端装备制造业高质量发展若干措施》，该政策文件明确指出了高端装备 5 大重点领域的 10 余项具体产业，带动通用机械领域一大批行业通用的零部件和先进工艺装备等发展和应用。这些措施不仅强调了对重点领域规模效益上的增长，还重点布局了技术创新和测试应用等产业创新生态的支持。在数字化升级方面，杭州市走在全国领先地位，致力于完善数字科技成果转化、交易与进出口机制，支持市场主体提升核心技术自主权和创新能力，加快数字技术的应用和推广。在国际化推广方面，杭州市实施“杭州智造 · 品牌出海”行动计划，提升产品的国际竞争力。

## 第四节　困难挑战及政策建议

### 一、困难和挑战

通用机械行业发展面临的困难和挑战主要包括以下 3 个方面。一是国内需求不足，市场结构性变化引发部分领域产能过剩。2023 年，通用机械行业在经济运行中面临需求不足的问题。当前通用机械市场需求出现结构性变化，火电、核电、锂电池、光伏等行业的需求增长较快，房地产、建材、水泥、钢铁等行业市场需求不足，这也是造成部分企业营业收入下滑的主要原因之一。

二是“卡脖子”问题仍然存在，企业创新投入仍然不足。虽然通用机械行业在某些领域取得了技术突破，但整体上，通用机械行业在关键核心技术攻关方面仍显不足。如机器人领域的减速器及高端领域的泵、阀等产品，依然存在受制于人的问题。从创新投入看，需求不足造成营业收入下降的问题已经传递到了企业创新和产品攻关方面，如国机通用等通用机械行业的龙头企业在营业收入下滑的同时，企业研发投入也在逐步下滑，或将对突破通用机械产业链供应链短板问题造成一定影响。

三是数字化升级路径不明，缺少通用机械领域的示范标杆。2023年，通用机械协会对行业数字化升级的情况进行详细摸排，发现很多企业存在转型路径不清晰、企业技术薄弱、智能化水平不高、专业人才不足等问题。具体表现在信息化与自动化设备之间存在孤岛；高端设备仍然依赖进口，高端传感器、高性能液压件、高端轴承等供给不足；创新人才供给不足，有设备没人员的问题突出；企业对于数字化升级仍然心存顾虑。

## 二、政策建议

### （一）完善通用机械行业的顶层设计，加强对行业发展的指导

为更好引导通用机械行业的发展，政府需要充分发挥龙头企业、行业协会、专业智库的力量，完善通用机械行业顶层设计。一是提供研发资金支持，鼓励企业在关键产品和关键核心技术上不断创新，通过设立专项资金、加强基金投入的引导、提供一定的税收减免降低企业的创新成本。二是推动高等教育机构、新型研发机构等与企业共建合作关系，鼓励企业利用好公共的研发、试验等资源，降低企业的投入成本，政府应承担牵线搭桥、供需对接的作用。政府可以通过建立特色产业园区，提供配套设施和服务，吸引国内外企业投资，并促进企业间的协作。

### （二）加强人才引进和培育，缓解企业人才结构性缺失的问题

一是鼓励企业与高等院校、科研机构等建立人才订单式培育合作基础，优先解决“有设备、没人才”的问题，推动已经购置的设备率先运行。由政府搭建产学研合作平台，依托重点园区或新建园区，鼓励在校教师、学生参与通用机械领域设计、制造、数字化等多个流程的创新和工艺优化过程。二是加强紧缺人才引进工作，由当地行业协会、产业联

盟、龙头企业等向政府提出人才引进需求，推动人才需求与人才引进计划内容相互匹配，吸引更多有从业经验的产业人才和高学历人才。三是做好人才保障工作，适当为参与校企合作的学生和教师提供奖学金和研究资助，优化人才合作平台的用地保障和生活配套，吸引更多优秀人才选择通用机械行业作为职业发展方向。

### （三）大力推广数字化、绿色化升级，打造一批行业标杆企业和示范项目

一是做好企业的诊断、解惑问题，委托国家、省政府认可的专业机构前往通用机械企业集聚度较高的城市，为企业实现数字化、绿色化升级提供路径指导。二是在示范项目布局上对通用机械领域提供适当支持，鼓励该领域的企业积极申报国家、省级智能制造试点示范项目，建设具有示范效应的智能工厂、数字化车间。加快绿色制造体系建设，鼓励企业提升绿色制造水平，积极建设申报绿色设计产品、绿色工厂、绿色供应链、绿色园区等。三是编制智能化推动绿色化转型的指南，推动通用机械企业通过发展、引进数字化设备，提升节能减排、固废处理、低碳等方面的精准监测水平，推动企业进一步优化生产工艺流程。

# 第十章 轻工业

## 第一节　行业发展情况

### 一、生产持续保持回升向好态势

#### （一）营业收入和利润保持双增长

轻工业，包括 20 个大类和 68 个中类，广泛覆盖了国民经济的多个方面，如饮食、服饰、居住、交通、娱乐、教育等。轻工业在维持工业经济的稳定增长中扮演着关键角色。随着稳经济、扩内需、促消费等一系列政策措施的效应不断显现，国内消费市场稳步回升，轻工业规模以上企业盈利状况明显好转，营业收入和利润保持双增长，为国民经济增长做出了积极贡献。2023 年，中国轻工业规模以上企业累计实现 22.2 万亿元的营业收入，较 2022 年增长了 1.6%，利润总额达到 1.4 万亿元，年增长率为 3.8%。轻工业资产总额占全国工业的 13.2%，实现了全国工业 16.7%的营业收入和 18.1%的利润。从产品产量看，55 种产品产量实现正增长，增长面占国家统计局统计的 92 种轻工产品的 59.8%。从行业看，轻工绿色制造、智能制造等领域增速较快，成为推动轻工业优质发展的新动力。

#### （二）食品工业“压舱石”作用明显

食品工业涵盖了农副食品加工、食品制造、酒、饮料及精制茶制造等多个领域。这些领域生产和需求持续恢复，并且投资增长速度保持在较高水平。在轻工业行业内，食品行业企业数量占比 31%，在营业收入和利润方面占比均超过 40%。

## 二、构建多层次行业创新体系

截至 2023 年，我国轻工业行业已成功构建包括 25 个国家重点实验室、44 个国家工程（技术）研究中心、2 个国家级制造业创新中心，以及 214 个国家级企业技术中心在内的一系列科研平台。这些平台正逐步成为推动国家战略在轻工业行业实施的核心力量，并在科技创新和技术研发方面发挥先锋作用。同时围绕轻工业发展的重点领域，已经形成了一支专注于轻工业创新的新生力量。此外，为促进全行业的技术革新，已经建立了 32 个国家级产业技术基础公共服务平台、28 个国家级中小企业公共服务示范平台和 72 个轻工业中小企业公共服务示范平台。这些平台的核心宗旨是，为行业提供包括技术成果的转化、标准化服务、质量检测，以及产业信息服务等多方面的支持，以助力轻工业在技术创新和产业升级方面取得突破。

## 三、打造全场景信息化产业链

信息化是推动产业升级和实现现代化进程的核心动力。在轻工业行业，必须注重采购、生产、配送、流通和消费等关键环节，充分发挥信息技术在产业协作和技术协同中的重要作用，加快实现重点领域、重点环节、重点产品的全方位信息化。轻工业的数字化转型得益于全面而先进的信息技术。近年来，许多轻工业企业已经开始广泛采用物联网、大数据分析、云计算、区块链和人工智能等新信息技术。这些技术通过工业仿真和数字孪生技术，孕育了大量优质创新产品。同时，通过应用可视化和数字化工具，这些企业还提高了整个产业链的管理效率。例如，阿里巴巴（中国）有限公司利用人工智能技术实现了生产与消费之间的“端到端”有效连接，降低了生产成本。浙江星星冷链集成股份有限公司采用动态视觉技术，满足无人智能复杂场景下的消费需求。此外，日用美妆行业通过与电子商务平台的合作，孵化创新品牌，满足消费者对产品升级的需求。

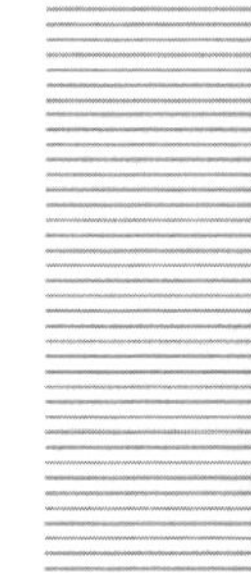

### 四、数智赋能轻工业蝶变升级

轻工业领域正积极响应数字经济战略，致力于推动产业的数字化转型。截至 2023 年，全国轻工业已成功建立了 39 家国家级智能制造示范工厂，轻工业领域的“灯塔工厂”数量占全国总数的 45%。以美的集团股份有限公司（以下简称“美的集团”）为例，其对“黑灯车间”实施了数字化升级改造，显著降低了一线人工成本，节省了高达 95%的人工成本，同时减少了近 500 平方米的仓储空间。美的集团还通过提供数字化支持，助力合作伙伴进行数字化升级，帮助客户建立了 100 多家数字工厂和 150 多个数字车间。目前，我国轻工业企业在平台化设计和智能化生产方面的应用比例分别为 16.3%和 12.2%，这两个比例均高于制造业平均水平，这表明轻工业在数字化转型方面取得了显著的进展，正在逐步实现产业的智能化和自动化。

### 五、轻工业绿色发展成效显著

在中国轻工业领域，“双碳”战略的实施得到了全面推进。截至 2023 年，全国已成功建立了 769 家国家级绿色工厂和 121 家绿色供应链管理企业，同时推广了 1601 种国家级绿色设计产品，这些举措成为推动轻工行业绿色化升级的关键。内蒙古伊利实业集团股份有限公司作为行业绿色升级领导者，已建立 31 家国家级“绿色工厂”、5 家“零碳工厂”及 5 款“零碳产品”。潍坊伊利乳业有限责任公司应用磁悬浮风机技术降低能耗，利用沼气生产蒸汽推动残余污泥的零排放。此外，该公司在自备的污水处理厂实现了碳中和目标，成功入选了生态环境部首批减污降碳协同增效的典型案例。这些成就表明，轻工业领域企业正在积极采取行动，通过采用绿色低碳技术，推动产业的绿色化和可持续发展。

## 第二节　重点企业发展情况

切实落实《“十四五”促进中小企业发展规划》，我国轻工业已取得显著成果。目前，已成功培育国家级专精特新“小巨人”企业 860 家、单项制造业冠军示范企业 103 家、单项冠军产品 46 个，这标志着轻工业行业优质创新企业的梯度培育体系已初步形成。

## 一、食品行业重点企业

从《2023 环球首发　胡润中国食品行业百强榜》可以看出，上榜企业涵盖食品综合、酒类、软饮料、乳制品、肉制品、调味品、烘焙食品、粮油制品、保健食品等多个行业。从地区分布看，广东共有 11 家企业进入百强榜，上榜企业数量在全国名列前茅。四川有 10 家，北京、上海各有 7 家，安徽、河北、河南、江苏各有 5 家，贵州、湖北、湖南、山东、台湾、浙江和福建各有 4 家，香港、重庆各有 3 家。中国电子信息产业发展研究院收集并整理了 2023 年食品行业重点企业名单（见表 10-1）。

表 10-1　2023 年食品行业重点企业名单

| 序号 | 企业名称 | 所在地 |
| --- | --- | --- |
| 1 | 贵州茅台酒股份有限公司 | 贵州 |
| 2 | 四川省宜宾五粮液集团有限公司 | 四川 |
| 3 | 农夫山泉股份有限公司 | 浙江 |
| 4 | 泸州老窖股份有限公司 | 四川 |
| 5 | 山西杏花村汾酒厂股份有限公司 | 山西 |
| 6 | 佛山市海天调味食品股份有限公司 | 广东 |
| 7 | 江苏洋河酒厂股份有限公司 | 江苏 |
| 8 | 牧原食品股份有限公司 | 河南 |
| 9 | 百威亚太控股有限公司 | 上海 |
| 10 | 益海嘉里金龙鱼粮油食品股份有限公司 | 上海 |
| 11 | 内蒙古伊利实业集团股份有限公司 | 内蒙古 |
| 12 | 华润啤酒（控股）有限公司 | 香港 |
| 13 | 安徽古井贡酒股份有限公司 | 安徽 |
| 14 | 温氏食品集团股份有限公司 | 广东 |
| 15 | 李锦记集团 | 香港 |
| 16 | 青岛啤酒股份有限公司 | 山东 |
| 17 | 华彬快消品集团 | 北京 |

资料来源：赛迪智库整理，2024 年 5 月。

## 二、家居行业重点企业

我国家居市场主要以金属家具和木质家具为主。从代表性企业所在地区看，重点企业主要集中在浙江、广东地区。部分家居企业充分发挥自身在原材料、人工方面的相对优势，逐渐打开境外市场，其中，敏华控股有限公司家居业务横跨亚洲、美洲、欧洲、澳洲等核心经济区域。中国电子信息产业发展研究院收集并整理了 2023 年家居行业重点企业名单（见表 10-2）。

表 10-2　2023 年家居行业重点企业名单

| 序号 | 企业名称 | 所在地 |
| --- | --- | --- |
| 1 | 欧派家具集团股份有限公司 | 广东 |
| 2 | 顾家家居股份有限公司 | 浙江 |
| 3 | 索菲亚家居股份有限公司 | 广东 |
| 4 | 公牛集团股份有限公司 | 浙江 |
| 5 | 曲美家居集团股份有限公司 | 北京 |
| 6 | 广东东鹏控股股份有限公司 | 广东 |
| 7 | 敏华控股有限公司 | 广东 |
| 8 | 美克国际家居用品股份有限公司 | 黑龙江 |
| 9 | 喜临门家具股份有限公司 | 浙江 |
| 10 | 江山欧派门业股份有限公司 | 浙江 |
| 11 | 志邦家居股份有限公司 | 安徽 |
| 12 | 永艺家具股份有限公司 | 浙江 |
| 13 | 罗莱生活科技股份有限公司 | 江苏 |
| 14 | 广东皮阿诺科学艺术家居股份有限公司 | 广东 |
| 15 | 大亚圣象家居股份有限公司 | 江苏 |
| 16 | 蒙娜丽莎集团股份有限公司 | 广东 |
| 17 | 金牌橱柜家居科技股份有限公司 | 厦门 |
| 18 | 常州匠心独具智能家居股份有限公司 | 江苏 |

续表

| 序号 | 企业名称 | 所在地 |
|---|---|---|
| 19 | 惠达卫浴股份有限公司 | 河北 |
| 20 | 恒林家居股份有限公司 | 浙江 |

资料来源：赛迪智库整理，2024年5月。

## 三、塑料制品行业重点企业

2023年，我国塑料制品产量为7488.5万吨，比去年增长3.0%。2023年，全国塑料制品产量排名前10位的省份中，东部地区占据半数，广东省全年完成产量1450.7万吨，同比增长5.9%，全国占比19.4%；浙江省全年完成产量1295.5万吨，同比增长4.3%，全国占比17.3%。相比其他省份，广东与浙江两省凭借深厚的轻工业底蕴、多元化的产业结构，以及完善的产业配套与区位聚集发展等优势，塑料制品产量持续保持稳定。中国电子信息产业发展研究院收集并整理了2023年塑料制品行业重点企业名单（见表10-3）。

表10-3 2023年塑料制品行业重点企业名单

| 序号 | 企业名称 | 所在地 |
|---|---|---|
| 1 | 广东联塑科技事业有限公司 | 广东 |
| 2 | 浙江中财管道科技股份有限公司 | 浙江 |
| 3 | 公元股份有限公司 | 浙江 |
| 4 | 江苏双星彩塑新材料股份有限公司 | 江苏 |
| 5 | 日丰企业集团有限公司 | 广东 |
| 6 | 富岭科技股份有限公司 | 浙江 |
| 7 | 康辉新材料科技有限公司 | 辽宁 |
| 8 | 广东德冠薄膜新材料股份有限公司 | 广东 |
| 9 | 天津军星管业集团有限公司 | 天津 |
| 10 | 宁波利时日用品有限公司 | 浙江 |

资料来源：赛迪智库整理，2024年5月。

## 四、造纸行业重点企业

2018—2023 年，纸及纸板生产企业数量呈现先降后缓的态势。其中，2020 年企业数量为历史最低值。2023 年，我国纸及纸板生产企业约 2500 家。根据《中国造纸工业 2023 年度报告》发布的重点造纸企业排行榜显示，玖龙纸业（控股）有限公司、山东太阳控股集团有限公司和理文造纸有限公司三家企业位列前 3 位。2023 年排名前 30 位的企业仍然全部与 2022 年相同，仅个别企业的排名顺序发生了变化。中国电子信息产业发展研究院收集并整理了 2023 年造纸行业重点企业名单（见表 10-4）。

表 10-4　2023 年造纸行业重点企业名单

| 序号 | 企业名称 | 所在地 |
|---|---|---|
| 1 | 玖龙纸业（控股）有限公司 | 广东 |
| 2 | 山东太阳控股集团有限公司 | 山东 |
| 3 | 理文造纸有限公司 | 广东 |
| 4 | 山鹰国际控股股份公司 | 安徽 |
| 5 | 山东晨鸣纸业集团股份有限公司 | 山东 |
| 6 | 山东博汇集团有限公司 | 山东 |
| 7 | 华泰集团有限公司 | 山东 |
| 8 | 江苏荣成环保科技股份有限公司 | 江苏 |
| 9 | 联盛纸业（龙海）有限公司 | 福建 |
| 10 | 中国纸业投资有限公司 | 北京 |
| 11 | 亚太森博中国控股有限公司 | 山东 |
| 12 | 广西金桂浆纸业有限公司 | 广西 |
| 13 | 宁波亚洲浆纸业有限公司 | 浙江 |
| 14 | 金东纸业（江苏）股份有限公司 | 江苏 |
| 15 | 山东世纪阳光纸业集团有限公司 | 山东 |

资料来源：赛迪智库整理，2024 年 5 月。

## 五、皮革行业重点企业

2023 年，皮革、毛皮、羽毛及其制品，以及制鞋业的规模以上企业共实现了 7986.1 亿元的营业收入，较 2022 年下降了 5.8%，利润总额为 444.1 亿元，同比增长 2.0%。根据中国轻工业联合会发布的《2022 年度中国轻工行业十强企业名单》，皮革制造行业中的排名前 3 位分别是兴业皮革股份有限公司（以下简称“兴业科技”）、安徽开润股份有限公司（以下简称“开润股份”）和浙江通天星集团股份有限公司（以下简称“通天星”）。兴业科技专注天然牛皮革的研发、生产和销售，其产品线包括用于鞋面、汽车内饰、包袋、家具，以及特殊功能性用途的皮革。开润股份致力于休闲包袋、旅行箱、商务包袋、服饰及相关配件的研发、设计、生产与销售。通天星作为全国皮革行业的重点龙头企业，其生产的中高档牛皮系列家具装饰革在全国产量领先。中国电子信息产业发展研究院收集并整理了 2023 年皮革行业重点企业名单（见表 10-5）。

**表 10-5　2023 年皮革行业重点企业名单**

| 序号 | 企业名称 | 所在地 |
|---|---|---|
| 1 | 兴业皮革股份有限公司 | 福建 |
| 2 | 安徽开润股份有限公司 | 安徽 |
| 3 | 浙江通天星集团股份有限公司 | 浙江 |
| 4 | 茂泰（福建）新材料科技有限公司 | 福建 |
| 5 | 东莞市爱玛数控科技有限公司 | 广东 |
| 6 | 四川达威科技股份有限公司 | 四川 |
| 7 | 淄博大恒九宝恩皮革集团有限公司 | 山东 |
| 8 | 深圳市德艺科技实业有限公司 | 深圳 |
| 9 | 浙江中辉皮草有限公司 | 浙江 |
| 10 | 浙江格莱美服装有限公司 | 浙江 |

资料来源：赛迪智库整理，2024 年 5 月。

## 六、电池行业重点企业

2023 年，我国新能源汽车产销量的增速明显放缓，动力电池装车增速也有所回落，但依然维持高位。具体来看，宁德时代和比亚迪汽车的市场占有率仍远高于其他企业，比亚迪自身新能源汽车销量的大幅提升，从而带动动力电池市场份额的提升。宁德时代重视海外布局，虽然国内市场份额下滑，但是仍大幅领先竞争对手。在重点企业第二梯队中，惠州亿纬锂能股份有限公司市场占有率明显提升，发展势头迅猛。中国电子信息产业发展研究院收集并整理了 2023 年新能源动力电池行业重点企业名单（见表 10-6）。

表 10-6　2023 年新能源动力电池行业重点企业名单

| 序号 | 企业名称 | 所在地 |
| --- | --- | --- |
| 1 | 宁德时代新能源科技股份有限公司 | 福建 |
| 2 | 比亚迪股份有限公司 | 广东 |
| 3 | 中创新航科技股份有限公司 | 四川 |
| 4 | 惠州亿纬锂能股份有限公司 | 广东 |
| 5 | 国轩高科股份有限公司 | 安徽 |
| 6 | 欣旺达动力科技股份有限公司 | 深圳 |
| 7 | 蜂巢能源科技股份有限公司 | 江苏 |
| 8 | 爱尔集新能源（南京）有限公司 | 江苏 |
| 9 | 孚能科技（赣州）股份有限公司 | 江西 |
| 10 | 江苏正力新能源电池技术有限公司 | 江苏 |
| 11 | 远景能源有限公司 | 江苏 |
| 12 | 瑞浦兰钧能源股份有限公司 | 浙江 |
| 13 | 天津市捷威动力工业有限公司 | 天津 |
| 14 | 多氟多新能源科技有限公司 | 河南 |

资料来源：赛迪智库整理，2024 年 5 月。

随着行业增速放缓、竞争压力加大，叠加高压的环保政策约束等，铅酸蓄电池行业格局进一步整合。铅酸蓄电池行业龙头效应显著，天能控股集团有限公司（以下简称“天能股份”）和超威电源集团有限公司（以下简称“超威动力”）合计市场份额达到 49.0%。天能股份凭借其超过 40%的市场份额，在国内电动轻型车铅酸动力电池市场中占据主导地位。在汽车起动启停电池这一细分市场，骆驼集团股份有限公司也以其稳定的市场份额保持国内市场的领先地位。中国电子信息产业发展研究院收集并整理了 2023 年铅酸蓄电池行业重点企业名单（见表 10-7）。

表 10-7 2023 年铅酸蓄电池行业重点企业名单

| 序号 | 企业名称 | 所在地 |
|---|---|---|
| 1 | 天能控股集团有限公司 | 浙江 |
| 2 | 超威电源集团有限公司 | 浙江 |
| 3 | 理士国际技术有限公司 | 广东 |
| 4 | 骆驼集团股份有限公司 | 湖北 |
| 5 | 浙江南都电源动力股份有限公司 | 浙江 |
| 6 | 双登集团股份有限公司 | 江苏 |
| 7 | 风帆有限责任公司 | 河北 |
| 8 | 深圳市雄韬电源科技股份有限公司 | 深圳 |
| 9 | 山东圣阳电源股份有限公司 | 山东 |
| 10 | 江苏海宝电池科技有限公司 | 江苏 |

资料来源：赛迪智库整理，2024 年 5 月。

# 第三节 典型案例和经验做法

## 一、注重基础和应用技术研发，推动轻工业创新发展

轻工业是我国经济的优势民生产业，注重基础和应用技术研发。轻工业通过基础研发，突破关键核心技术，增强自主创新能力，将这些创新成果转化为产品和工艺，满足市场需求，提升行业竞争力，为行业长远发展奠定坚实基础。

### （一）家电行业

中国家电企业加大对核心零部件和关键技术的研发投入，减少对外部技术的依赖，提升自主创新能力。顺应新一轮科技革命，加强与人工智能等技术的融合。如低温冷柜单级双元制冷技术，突破传统技术系统复杂、能耗高的限制，实现了-60℃低温制冷。高效气悬浮离心式冷水

机组关键技术是全球首创静压悬浮离心冷水机技术，实现零摩擦。智能家电操作系统和中控屏硬件载体联动多场景空间的智能家居设备，为用户提供个性化服务。

### （二）塑料制品行业

塑料制品行业企业通过技术的革新迭代，减少对石油原料的依赖。改变传统塑料处理方式，免去占用大量土地，减少污染土壤和水源，减少焚烧处理，避免产生有毒气体污染环境。如中国农业大学工学院张学松教授课题组开发了碳纳米管桥接策略，将废塑料转化为高值富氢合成气的同时实现减排二氧化碳的目标。中国科学院大连化学物理研究所（以下简称“大连化物所”）潘秀莲团队不仅实现了在相对温和条件下二氧化碳与聚烯烃废塑料耦合升级回收高选择性制芳烃等高值化学品，也为二氧化碳的转化利用提供了一条新途径。

### （三）食品制造行业

中国食品工业的发展，离不开科技创新的引领。随着消费者健康意识的提升，食物供给安全与营养健康成为重要任务。为了满足不同群体的健康需求，研制了一系列营养全面且种类繁多的食品，采用尖端的食品加工和保鲜技术，确保了食品的新鲜和营养的保持。如植物基食品的研发，通过模拟传统肉类和乳制品的口感和营养，满足素食者和乳糖不耐受者的需求。肉类食品真实性鉴别关键技术实现突破，肉类非法添加物精准定量技术在食品安全监管中实现应用。

## 二、运用 5G、人工智能等技术，推动轻工业数字化发展

积极促进人工智能和工业互联网等先进技术与轻工业的深度整合与创新，显著扩展信息技术在该领域的应用范围。这一措施有效提高了产品的质量和性能，降低了生产成本，为企业带来更强的市场竞争力。智慧轻工建设正在广泛落地，推动产业链上下游企业紧密协作，实现资源优化配置，提升整体效益。数字化转型能够促进轻工业行业与消费者之间的互动，增强市场响应速度，满足个性化需求，提升用户体验。

### （一）家电行业

家电行业作为数字化改革的先锋，人工智能等技术的应用推广迅速。家电企业可以对生产线进行智能化改造，提高生产效率，降低生产成本。家电企业通过大数据分析，获取海量数据并进行深度分析，优化产品设计和生产流程，运用人工智能技术进行自动化决策支持。例如，利用机器视觉系统进行产品质量检测，显著提高检测效率和准确性，减少人为误差。家电个性化推荐系统基于大数据分析和机器学习技术，收集和分析消费者的购买历史、浏览行为、偏好设置，根据用户喜好和需求推荐产品，提高用户满意度。

### （二）家具行业

传统家具行业在信息技术的影响下，正在经历一场深刻变革。通过数字技术，家具行业企业能够实现个性化定制和柔性生产，满足消费者对家具产品多样化和个性化的需求。应用虚拟现实和增强现实技术，创造交互式的虚拟环境，极大地丰富消费者购物过程，为消费者带来前所未有的购物感受。如美克家居智能制造项目围绕大规模个性化定制，建立以实木为主体的家具产品的标准化、模块化研发技术平台，MC 模式下的智能工厂由“顶层设计与数字化仿真优化、生产过程自动化、智能物流仓储系统研制及实施、智能信息系统开发及集成”四大模块组成，企业研发周期缩短，生产效率提升，运营成本降低。

### （三）皮革与羽绒行业

作为劳动密集型行业的代表，皮革与羽绒行业迎来了变革。数控设备研发、自动化生产，以及智能化管理等方面运用，加快了行业数字化进程。皮革自动排版系统解决了传统机器不支持自动排版、设备工作效率低、材料利用率对人工依赖大的问题。波司登智能工厂实现了从原材料入库到产品出厂全过程的数据采集、分析、预警和决策，关键生产环节自动化率达到 90%。

## 三、打造高水平循环利用体系，推动轻工业绿色化发展

当前，在经济社会发展全面绿色转型的趋势下，轻工业作为传统产

业顺应时代潮流，在生产和消费环节强调最大限度地降低资源消耗和减少废弃物的生成，采用再利用和资源化策略，构建高水平循环利用系统，实现资源的高效循环利用。建立高水平循环利用系统，为轻工业的绿色低碳转型提供宝贵的经验和参考。

### （一）家电行业

近年来，我国家电回收处理体系不断完善，相关标准和制度的迭代有力促进了家电回收再生产业务的发展，同时家电回收处理技术不断迭代升级，促进废旧家电回收和资源再利用。如商务部等 9 部门发布《健全废旧家电家具等再生资源回收体系典型建设工作指南》，围绕培育多元化、规模化回收主体、探索创新回收模式等，提高废旧家电家具规范化回收水平。海尔建立了中国家电行业首个再循环互联工厂，该工厂能够拆解废旧家电并实现材料 100% 再利用，实现了数字化赋能家电“回收、拆解、再利用”的全流程。

### （二）金属制品行业

作为不可再生资源，金属再循环利用可以减少对新资源的开采，同时减少开采和冶炼过程中所产生的废物和污染物，减轻环境污染。近年来，再生有色金属在新能源产业应用不断取得突破。如工业和信息化部发布了《废铜铝加工利用行业规范条件》，为推动再生铜铝原料回收配送规范化、规模化提供了指引。新能源汽车的轻量化材料、光伏产业的边框和支架材料，以及电池铝箔等关键材料，都使用再生有色金属。

### （三）造纸行业

目前，造纸行业各项排放指标基本达到国际先进水平，其所使用的原料和生产过程排放的固态、气态、液态废物基本是可回收利用的，纸张产品本身也是可以循环利用的。造纸业可采用的原料包括林业的“三剩物”（伐木剩余物、制材剩余物和处理剩余物）、废旧纸张，以及农业的麦秸等废弃资源，通过清洁生产形成了林业、农业、生物质能源的循环产业链。造纸行业企业通过淘汰高耗能的落后技术和设备，应用先进的节水技术和装备，逐步提高造纸过程中水重复利用率。目前，水的再循环使用效率已达到 95%以上，达到世界先进水平。

## 第四节 困难挑战及政策建议

### 一、困难和挑战

#### （一）创新能力不强，部分产业关键技术仍受制于人

我国轻工业产业链完备、配套能力强，但是研发投入偏低，轻工业规模以上企业研发投入强度低于制造业的规模以上企业研发投入强度。在部分行业仍存在关键技术受制于人的情况。如在食品加工行业中，部分关键的益生菌种依赖国外进口，在饮料制造等快速消费品行业中，高速灌装机等关键设备的技术和制造受制于国外供应商。在造纸行业中，大型纸机设备仍然依赖进口。在轻工业产品质量检测环节，高精度的检测设备和技术高度依赖进口。整体来看，对设备依赖度较高的企业，将面临更加直接的挑战。

#### （二）中高端产品供给不足，品牌竞争力有待提升

轻工业作为与人们日常生活密切相关的产业，其产品供给的质量和品牌竞争力对满足消费者需求和提升市场竞争力至关重要。当前，轻工业中高端产品供给不足，品牌竞争力有待提升的问题日益凸显。中国家具制造业在生产规模和产量方面位居世界前列，但在高端家具市场，尤其是定制化和智能化家具领域，仍需提升设计创新和品牌影响力。乳制品行业，国内品牌在提升产品质量和品牌建设方面取得了一定成就，但在高端乳制品市场，如有机奶、功能性乳制品等方面，与国际品牌相比仍有提升空间。

#### （三）数字技术运用推广不够，绿色低碳化发展进程较慢

轻工业作为传统产业，在数字技术运用方面，许多轻工业企业尚未充分认识数字化转型的重要性，或者缺乏相应的技术能力和资金投入。在食品加工行业，中小企业在产品追踪和质量控制方面缺少数字化手

段，限制了数据的实时分析和决策支持。在绿色低碳化发展方面，轻工业企业在能源使用和废物处理方面还存在较大的改进空间，尽管造纸工业在减少化学药品使用和提高废纸回收利用率方面取得了进展，但在废气减排方面还有提升空间。皮革制品行业在生产过程中会产生大量废水和固体废物，尽管有环保法规的要求，但许多企业在废水处理和废物回收方面仍存在不足。

## 二、政策建议

### （一）加强轻工业关键技术攻关

针对《轻工业共性关键技术目录》，政府需要制定专项支持计划，提供研发资金和税收优惠，鼓励企业加大研发投入。建立行业技术创新联盟，促进产学研用深度融合，加快突破亟须攻克技术，加速应用亟须推广技术。在造纸、塑料、表面活性剂、食品等行业，提高关键材料自给率。集中力量开发造纸、食品、塑料、皮革制鞋等行业高端装备，实现关键装备国产化。在生物技术、功能食品技术等前沿领域，开展前沿科技探索，大力推动跨学科、多领域的交叉研究工作。

### （二）推进轻工业制造数字化、智能化发展

支持轻工业企业申报智能制造示范项目，为轻工业企业提供技术指导、市场对接和政策优惠，促进企业采用自动化、信息化和智能化技术，提升生产效率和产品质量，形成可复制、可推广的智能制造模式。鼓励数字化解决方案提供商与轻工业企业建立紧密的合作关系，共同开发适合轻工业企业的数字化产品和服务。帮助轻工业企业实现个性化、智能化的生产和管理，加快数字化转型步伐。

### （三）推动实施轻工业绿色改造

鼓励轻工业企业采用绿色设计理念，开发环保、节能、可回收的绿色产品，建设绿色工厂、绿色工业园区和绿色供应链，形成较为完善的轻工业绿色制造体系。支持轻工业企业与科研机构合作，开发绿色新材料、新工艺、新技术，加快绿色技术的产业化应用。引导轻工业企业

逐步减少对石化能源的依赖，转而利用风能、太阳能等可再生能源，以降低碳排放。加大造纸、食品等行业生物质能源的利用。

### （四）加强轻工业品牌建设

加强轻工产品宣传推广，扩大品牌的曝光度，提高消费者对品牌的认知度和美誉度。遴选专业第三方机构为企业提供品牌策划、评价、宣传等服务，帮助企业明确品牌定位，塑造品牌形象。推动大型企业品牌专项建设，形成一批具有中国特色的品牌建设经验，增强全球消费者对中国品牌认同。完善品牌相关的知识产权国际规则和标准，推动行业协会与国外组织开展合作交流。

# 第十一章 石油化工

## 第一节　行业发展情况

### 一、整体概况

石油化工（以下简称“石化”）行业是我国经济发展的重要基础，对促进国家经济的高质量增长具有至关重要的作用。根据中国石油和化学工业联合会（以下简称“石化联合会”）的统计，2023 年，中国原油加工量达到了 7.4 亿吨，与 2022 年相比增长了 9.3%，原油表观消费量达到了 7.7 亿吨，同比增长了 8.5%，这两个数字都创下了历史新高。国家统计局的数据显示，尽管原油加工量和原油表观消费量有所增长，但石化行业的营业收入为 16.0 万亿元，较 2022 年下降了 1.1%。行业利润总额为 8733.6 亿元，同比下降了 20.7%。此外，石化产品的进出口总额为 9522.7 亿美元，同比下降了 9.0%。根据国家发展和改革委员会的数据，石油、煤炭及其他燃料加工业的规模以上工业增加值同比实际增长了 8.2%，化学原料和化学制品制造业及化学纤维制造业的规模以上工业增加值同比实际增长了 9.6%。这两个增长率都超过了全国规模以上工业增加值和制造业规模以上工业增加值的增速。石油化工行业在整体经济中保持了较快的增长速度。

### 二、产业科技创新情况

近年来，我国在油气勘探技术、化工新材料、专用化学品、现代煤化工等领域取得了显著的进展和一系列重要成果。在油气勘探技术、炼油新技术、百万吨乙烯成套技术、合成与聚合技术、工程优化与先进控制技术，以及现代煤化工领域大型气化炉及其成套技术、煤制油（直接法和间接法）工业化技术、甲醇制烯烃产业化技术、煤油共炼技术、煤制可降解材料等都取得了重大创新突破；聚碳酸酯、聚苯硫醚、尼龙新材料等一批工程塑料的重大关键技术、核心技术相继突破并产业化；碳纤维、芳纶、聚酰亚胺、超高分子量聚乙烯等一批高性能纤维材料的关键核心技术相继攻克并产业化；离子膜、有机/无机分离膜、光伏用膜、新能源电池膜，以及保鲜膜、医用膜等高端膜材料相继研发成功；多种精细化学品、专用化学品、部分电子化学品、高纯试剂等实现了量产，满足部分市场需求。

## 三、数字化、智能化升级情况

石化企业以数字化和智能化转型为抓手，实施智能工厂建设和数字化转型发展策略，催生了一批数字化转型典型应用示范企业。

中国石油天然气股份有限公司（以下简称“中石油”）、中国石油化工集团有限公司（以下简称“中石化”）、中国海洋石油集团有限公司（以下简称“中海油”）、中国中化控股有限责任公司（以下简称“中国中化”）、国家石油天然气管网集团有限公司（以下简称“国家管网”）等众多石化企业持续探索，强化了 5G、人工智能、大数据、云计算等新信息技术的运用。石化企业加速构建先进且实用的数字化、智能化平台，在智能油气田、智能炼化、智慧管网、智慧销售、智能工程等多个领域均取得了显著的成果。借助智慧化工园区的建设，这些企业不仅达成了智能控制、风险辨识、即时预警，而且在整合信息化资源、园区内部资源配置、能效提升、安全生产管理、生态环境监测等诸多方面也收获了显著的成效。特别是，在重大风险源的监控、园区的封闭式管理、可视化操作、现场人员行为的识别、应急处理、有毒有害气体的泄漏监测、特殊作业，以及危化品运输车辆的实时监控与预警等方面，均实现了有效的管理。

## 四、产业空间布局优化情况

近期，石油化工行业的基地化、园区化，以及产业集群化的趋势日益显著。根据石化联合会园区工作委员会的数据，截至 2023 年 6 月，全国已有643家石化基地和化工园区，其中，获得正式认定的达593个。在这些园区中，产值超过500亿元的园区有53个，它们所创造的收入占到了整个石化行业总收入的50%以上。石化园区在推动产业集聚、产业链协同、土地资源的高效利用、资源的循环利用与能源的互补供应、集中式管理，以及公用工程共享等方面，正发挥着愈发关键的作用。智慧化工园区和绿色化工园区的建设成果显著，已成为推动石化产业高质量发展的关键平台。在东部地区，以国家规划的“七大石化基地”和炼化一体化产业链为核心的石化基地和化工园区已经形成；在西北地区，依托丰富的煤炭资源，国家布局的“四大现代煤化工示范基地”所引领的现代煤化工产业园区也已崭露头角。此外，在沿江、沿海及内陆的其他地区，还分布着众多经过规范认定的专业化工园区。

## 第二节　重点企业发展情况

### 一、中国石油和化工企业500强

2023年9月，“2023中国石油和化工企业500强发布会暨全面加快建设世界一流企业高峰论坛”在河南省濮阳市召开，此次论坛发布了2023中国石油和化工企业500强排行榜。中国石油和化工产业聚集度持续攀升，大企业经营状况继续保持领先水平，大企业具有较强的可持续发展后劲，17家石油和化工企业上榜世界500强榜单。2023年中国石油和化工企业500强排行榜（前150）如表11-1所示。

表11-1　2023年中国石油和化工企业500强排行榜（前150）

| 排名 | 省份 | 企业中文名称 | 2022主营业务收入/亿元 | 排名 | 省份 | 企业中文名称 | 2022主营业务收入/亿元 |
|---|---|---|---|---|---|---|---|
| 1 | 北京 | 中国石油化工集团有限公司 | 33181.68 | 3 | 北京 | 中国中化控股有限责任公司 | 11620.40 |
| 2 | 北京 | 中国石油天然气股份有限公司 | 32391.67 | 4 | 北京 | 中国海洋石油集团有限公司 | 11083.12 |

续表

| 排名 | 省份 | 企业中文名称 | 2022主营业务收入/亿元 | 排名 | 省份 | 企业中文名称 | 2022主营业务收入/亿元 |
|---|---|---|---|---|---|---|---|
| 5 | 江苏 | 恒力集团有限公司 | 6117.57 | 14 | 新疆 | 新疆中泰（集团）有限责任公司 | 2472.89 |
| 6 | 浙江 | 浙江荣盛控股集团有限公司 | 5796.18 | 15 | 山西 | 潞安化工集团有限公司 | 2163.74 |
| 7 | 陕西 | 陕西煤业化工集团有限责任公司 | 5226.01 | 16 | 北京 | 中国化学工程集团有限公司 | 1761.71 |
| 8 | 江苏 | 盛虹控股集团有限公司 | 4120.23 | 17 | 山东 | 万华化学集团股份有限公司 | 1655.65 |
| 9 | 浙江 | 浙江恒逸集团有限公司 | 3856.62 | 18 | 河北 | 新奥天然气股份有限公司 | 1541.69 |
| 10 | 陕西 | 陕西延长石油（集团）有限责任公司 | 3710.98 | 19 | 山东 | 山东东明石化集团有限公司 | 1385.62 |
| 11 | 北京 | 中国神华能源股份有限公司 | 3445.33 | 20 | 河南 | 中国平煤神马控股集团有限公司 | 1371.40 |
| 12 | 北京 | 中国中煤能源集团有限公司 | 2892.75 | 21 | 浙江 | 桐昆控股集团有限公司 | 1315.78 |
| 13 | 山西 | 山西焦煤集团有限责任公司 | 2869.69 | 22 | 山东 | 利华益集团股份有限公司 | 1231.99 |

续表

| 排名 | 省份 | 企业中文名称 | 2022主营业务收入/亿元 | 排名 | 省份 | 企业中文名称 | 2022主营业务收入/亿元 |
|---|---|---|---|---|---|---|---|
| 23 | 山东 | 万达控股集团有限公司 | 1169.85 | 32 | 浙江 | 浙江卫星控股股份有限公司 | 733.39 |
| 24 | 河南 | 河南能源集团有限公司 | 1129.33 | 33 | 山东 | 山东金诚石化集团有限公司 | 731.48 |
| 25 | 山西 | 山西鹏飞集团有限公司 | 1029.69 | 34 | 福建 | 恒申控股集团有限公司 | 723.43 |
| 26 | 北京 | 旭阳控股有限公司 | 1001.40 | 35 | 山东 | 山东海科控股有限公司 | 720.69 |
| 27 | 云南 | 云天化集团有限责任公司 | 950.88 | 36 | 福建 | 永荣控股集团有限公司 | 712.80 |
| 28 | 浙江 | 新凤鸣控股集团有限公司 | 914.88 | 37 | 福建 | 福州中景石化集团有限公司 | 675.42 |
| 29 | 重庆 | 重庆化医控股（集团）公司 | 884.88 | 38 | 山东 | 山东齐润控股集团有限公司 | 658.13 |
| 30 | 山东 | 富海集团新能源控股有限公司 | 783.34 | 39 | 山东 | 齐成（山东）石化集团有限公司 | 651.35 |
| 31 | 山东 | 山东京博控股集团有限公司 | 763.09 | 40 | 新疆 | 新疆天业（集团）有限公司 | 623.70 |

续表

| 排名 | 省份 | 企业中文名称 | 2022主营业务收入/亿元 | 排名 | 省份 | 企业中文名称 | 2022主营业务收入/亿元 |
|---|---|---|---|---|---|---|---|
| 41 | 新疆 | 广汇能源股份有限公司 | 594.09 | 50 | 山东 | 山东垦利石化集团有限公司 | 527.94 |
| 42 | 福建 | 福建联合石油化工有限公司 | 589.80 | 51 | 贵州 | 贵州磷化（集团）有限责任公司 | 518.71 |
| 43 | 上海 | 上海华谊控股集团有限公司 | 589.50 | 52 | 宁夏 | 北方华锦化学工业股份有限公司 | 490.62 |
| 44 | 山东 | 山东金岭集团有限公司 | 583.49 | 53 | 山西 | 山西潞宝集团 | 459.45 |
| 45 | 河北 | 河北鑫海控股集团有限公司 | 563.63 | 54 | 北京 | 中国旭阳集团有限公司 | 431.39 |
| 46 | 湖北 | 宜昌兴发集团有限责任公司 | 554.18 | 55 | 广东 | 金发科技股份有限公司 | 404.12 |
| 47 | 浙江 | 华峰集团有限公司 | 553.80 | 56 | 浙江 | 巨化集团有限公司 | 394.27 |
| 48 | 天津 | 天津渤海化工集团有限责任公司 | 546.39 | 57 | 山东 | 万通海欣控股集团股份有限公司 | 380.09 |
| 49 | 山东 | 山东汇丰石化集团有限公司 | 530.37 | 58 | 山东 | 道恩集团有限公司 | 377.27 |

续表

| 排名 | 省份 | 企业中文名称 | 2022 主营业务收入/亿元 | 排名 | 省份 | 企业中文名称 | 2022 主营业务收入/亿元 |
|---|---|---|---|---|---|---|---|
| 59 | 山东 | 山东恒信集团有限公司 | 364.43 | 68 | 山东 | 阜丰集团有限公司 | 275.92 |
| 60 | 山东 | 山东神驰控股有限公司 | 363.21 | 69 | 山东 | 无棣鑫岳化工集团有限公司 | 266.41 |
| 61 | 北京 | 中国庆华能源集团有限公司 | 362.89 | 70 | 山东 | 滨化集团 | 265.08 |
| 62 | 浙江 | 中策橡胶集团股份有限公司 | 318.89 | 71 | 河北 | 开滦能源化工股份有限公司 | 260.04 |
| 63 | 陕西 | 陕西鼓风机(集团)有限公司 | 309.36 | 72 | 浙江 | 浙江正凯集团有限公司 | 251.58 |
| 64 | 青海 | 青海盐湖工业股份有限公司 | 307.48 | 73 | 山东 | 山东永鑫能源集团有限公司 | 250.42 |
| 65 | 山东 | 山东华鲁恒升化工股份有限公司 | 302.45 | 74 | 山西 | 山西美锦能源股份有限公司 | 246.00 |
| 66 | 山东 | 淄博齐翔腾达化工股份有限公司 | 298.10 | 75 | 浙江 | 日出实业集团有限公司 | 243.65 |
| 67 | 宁夏 | 宁夏宝丰能源集团股份有限公司 | 284.30 | 76 | 河南 | 龙佰集团股份有限公司 | 241.55 |

续表

| 排名 | 省份 | 企业中文名称 | 2022主营业务收入/亿元 | 排名 | 省份 | 企业中文名称 | 2022主营业务收入/亿元 |
|---|---|---|---|---|---|---|---|
| 77 | 河北 | 唐山三友集团有限公司 | 238.15 | 85 | 内蒙古 | 内蒙古君正能源化工集团股份有限公司 | 214.6 |
| 78 | 浙江 | 合盛硅业股份有限公司 | 236.57 | 86 | 山东 | 山东联盟化工集团有限公司 | 207.06 |
| 79 | 陕西 | 陕西黑猫焦化股份有限公司 | 232 | 87 | 四川 | 成都云图控股股份有限公司 | 205.02 |
| 80 | 河南 | 中国心连心化肥有限公司 | 231.62 | 88 | 四川 | 宜宾天原集团股份有限公司 | 203.39 |
| 81 | 江苏 | 江苏三房巷聚材股份有限公司 | 228.37 | 89 | 山东 | 东岳集团有限公司 | 200.36 |
| 82 | 广东 | 广州天赐高新材料股份有限公司 | 223.17 | 90 | 安徽 | 中粮生物科技股份有限公司 | 199.18 |
| 83 | 山东 | 赛轮集团股份有限公司 | 219.02 | 91 | 浙江 | 万凯新材料股份有限公司 | 193.86 |
| 84 | 浙江 | 浙江新安化工集团股份有限公司 | 218.03 | 92 | 浙江 | 杭州福斯特应用材料股份有限公司 | 188.77 |

续表

| 排名 | 省份 | 企业中文名称 | 2022主营业务收入/亿元 | 排名 | 省份 | 企业中文名称 | 2022主营业务收入/亿元 |
|---|---|---|---|---|---|---|---|
| 93 | 上海 | 上海诗董贸易有限公司 | 185.00 | 101 | 河南 | 河南丰利石化有限公司 | 166.23 |
| 94 | 上海 | 合盛天然橡胶（上海）有限公司 | 184.70 | 102 | 湖北 | 新洋丰农业科技股份有限公司 | 159.58 |
| 95 | 内蒙古 | 中盐内蒙古化工股份有限公司 | 181.63 | 103 | 湖北 | 湖北三宁化工股份有限公司 | 155.40 |
| 96 | 云南 | 云南祥丰实业集团有限公司 | 180.57 | 104 | 安徽 | 安徽昊源化工集团有限公司 | 155.03 |
| 97 | 山西 | 山西亚鑫能源集团有限公司 | 179.00 | 105 | 海南 | 海南天然橡胶产业集团股份有限公司 | 154.50 |
| 98 | 山东 | 青岛海湾集团有限公司 | 175.95 | 106 | 上海 | 宝武碳业科技股份有限公司 | 152.87 |
| 99 | 江苏 | 华润化学材料科技股份有限公司 | 173.27 | 107 | 湖南 | 株洲时代新材料科技股份有限公司 | 150.35 |
| 100 | 山东 | 金能科技股份有限公司 | 168.01 | 108 | 河南 | 洛阳宏兴新能化工有限公司 | 148.38 |

续表

| 排名 | 省份 | 企业中文名称 | 2022主营业务收入/亿元 | 排名 | 省份 | 企业中文名称 | 2022主营业务收入/亿元 |
|---|---|---|---|---|---|---|---|
| 109 | 山东 | 山东潍坊润丰化工股份有限公司 | 144.60 | 117 | 重庆 | 华邦生命健康股份有限公司 | 132.32 |
| 110 | 四川 | 四川雅化实业集团股份有限公司 | 144.57 | 118 | 山东 | 瑞星集团股份有限公司 | 132.00 |
| 111 | 山西 | 山西兰花科技创业股份有限公司 | 141.56 | 119 | 山东 | 青岛丽东化工有限公司 | 127.58 |
| 112 | 江苏 | 江苏龙蟠科技股份有限公司 | 140.72 | 120 | 山东 | 山东鲁北企业集团总公司 | 127.57 |
| 113 | 贵州 | 贵州振华新材料股份有限公司 | 139.36 | 121 | 云南 | 云南恩捷新材料股份有限公司 | 125.91 |
| 114 | 云南 | 云南天然橡胶产业集团有限公司 | 135.90 | 122 | 陕西 | 陕西龙门煤化工有限责任公司 | 124.58 |
| 115 | 山东 | 青岛国恩科技股份有限公司 | 134.06 | 123 | 河南 | 多氟多新材料股份有限公司 | 123.58 |
| 116 | 广东 | 广东省广垦橡胶集团有限公司 | 133.20 | 124 | 上海 | 佳通轮胎（中国）投资有限公司 | 122.60 |

续表

| 排名 | 省份 | 企业中文名称 | 2022主营业务收入/亿元 | 排名 | 省份 | 企业中文名称 | 2022主营业务收入/亿元 |
|---|---|---|---|---|---|---|---|
| 125 | 江西 | 诚志股份有限公司 | 117.17 | 133 | 浙江 | 赞宇科技集团股份有限公司 | 112.35 |
| 126 | 北京 | 中农立华生物科技股份有限公司 | 116.87 | 134 | 内蒙古 | 亿利洁能股份有限公司 | 111.78 |
| 127 | 内蒙古 | 内蒙古博源控股集团有限公司 | 115.34 | 135 | 北京 | 联泓集团有限公司 | 110.05 |
| 128 | 山东 | 山东朗晖石油化学股份有限公司 | 115.23 | 136 | 上海 | 兴达国际控股有限公司 | 109.22 |
| 129 | 浙江 | 浙江嘉化能源化工股份有限公司 | 115.03 | 137 | 山西 | 北方铜业股份有限公司 | 106.80 |
| 130 | 福建 | 棵树涂料股份有限公司 | 113.38 | 138 | 山东 | 山东海化集团有限公司 | 105.83 |
| 131 | 安徽 | 中盐安徽红四方股份有限公司 | 113.07 | 139 | 江苏 | 连云港立本作物科技有限公司 | 104.90 |
| 132 | 广西 | 西永盛石油化工有限公司 | 112.55 | 140 | 广西 | 广西广投石化有限公司 | 104.36 |

续表

| 排名 | 省份 | 企业中文名称 | 2022 主营业务收入/亿元 | 排名 | 省份 | 企业中文名称 | 2022 主营业务收入/亿元 |
|---|---|---|---|---|---|---|---|
| 141 | 上海 | 上海煜驰进出口有限公司 | 102.38 | 146 | 安徽 | 安徽皖维高新材料股份有限公司 | 99.42 |
| 142 | 广东 | 广东宏大控股集团股份有限公司 | 101.69 | 147 | 江西 | 江西黑猫炭黑股份有限公司 | 98.93 |
| 143 | 四川 | 利尔化学股份有限公司 | 101.36 | 148 | 山东 | 成山集团有限公司 | 98.53 |
| 144 | 四川 | 四川发展龙蟒股份有限公司 | 100.23 | 149 | 山东 | 豪迈集团股份有限公司 | 97.30 |
| 145 | 山东 | 金正大生态工程集团股份有限公司 | 99.77 | 150 | 广东 | 深圳新宙邦科技股份有限公司 | 96.61 |

资料来源：中国化工企业管理协会和河南省濮阳市人民政府联合发布，2024 年 5 月。

## 二、中国精细化工百强企业

2023 年 11 月 24 日，第二十三届全国精细化工行业（滨海）大会暨 2023 年中国精细化工百强发布会于江苏滨海隆重召开。在此次盛会上，2023 年度中国精细化工百强榜单得以揭晓（见表 11-2）。相关数据显示，2022 年，百强企业平均主营业务收入达到了 111.00 亿元，较 2021 年增长了 12.00%；然而，其平均研发投入比例降至 4.08%，减少了 0.05 个百分点；平均毛利率降至 26.50%，降幅为 3.30 个百分点。与历年情况相仿，百强企业在地域分布上仍呈现明显的不均衡性，东部地区的浙江、江苏和山东三省上榜企业数量较多，其他地区上榜企业数量相对较少。

表 11-2　2023 年度中国精细化工百强榜单

| 排名 | 企业名称 | 排名 | 企业名称 |
|---|---|---|---|
| 1 | 浙江龙盛集团股份有限公司 | 26 | 联泓新材料科技股份有限公司 |
| 2 | 浙江新和成股份有限公司 | 27 | 国药集团化学试剂有限公司 |
| 3 | 河北诚信集团有限公司 | 28 | 中国石化催化剂有限公司 |
| 4 | 万华化学集团股份有限公司 | 29 | 湖北兴发化工集团股份有限公司 |
| 5 | 安道麦股份有限公司 | 30 | 江苏三木集团有限公司 |
| 6 | 石药控股集团有限公司 | 31 | 中化蓝天集团有限公司 |
| 7 | 中节能万润股份有限公司 | 32 | 浙江卫星石化股份有限公司 |
| 8 | 江苏扬农化工股份有限公司 | 33 | 西陇科学股份有限公司 |
| 9 | 联化科技股份有限公司 | 34 | 诚志股份有限公司 |
| 10 | 北京颖泰嘉和生物科技股份有限公司 | 35 | 雅本化学股份有限公司 |
| 11 | 浙江巨化股份有限公司 | 36 | 华宝香精股份有限公司 |
| 12 | 广州天赐高新材料股份有限公司 | 37 | 湖南湘江涂料集团有限公司 |
| 13 | 四川永祥股份有限公司 | 38 | 广东光华科技股份有限公司 |
| 14 | 三棵树涂料股份有限公司 | 39 | 龙佰集团股份有限公司 |
| 15 | 赞宇科技集团股份有限公司 | 40 | 山东华鲁恒升化工股份有限公司 |
| 16 | 芜湖长信科技股份有限公司 | 41 | 宏昌电子材料股份有限公司 |
| 17 | 山东东岳化工有限公司 | 42 | 山东诺尔生物科技有限公司 |
| 18 | 隆基绿能科技股份有限公司 | 43 | 圣奥化学科技有限公司 |
| 19 | 奥克控股集团股份公司 | 44 | 红宝丽集团股份有限公司 |
| 20 | 多氟多化工股份有限公司 | 45 | 浙江永太科技股份有限公司 |
| 21 | 常州强力电子新材料股份有限公司 | 46 | 山东阳谷华泰化工股份有限公司 |
| 22 | 中国北方化学研究院集团有限公司 | 47 | 西安蓝晓科技新材料股份有限公司 |
| 23 | 山东泰和科技股份有限公司 | 48 | 河南清水源科技股份有限公司 |
| 24 | 浙江闰土股份有限公司 | 49 | 贵研铂业股份有限公司 |
| 25 | 传化智联股份有限公司 | 50 | 浙江皇马科技股份有限公司 |

续表

| 排名 | 企业名称 | 排名 | 企业名称 |
|---|---|---|---|
| 51 | 嘉宝莉化工集团股份有限公司 | 75 | 安徽天润化学工业股份有限公司 |
| 52 | 淄博鲁华泓锦新材料股份有限公司 | 76 | 广东德美精细化工集团股份有限公司 |
| 53 | 湖北江瀚新材料股份有限公司 | 77 | 辽宁世星药化有限公司 |
| 54 | 山东泓达生物（集团）科技有限公司 | 78 | 盘锦洪鼎化工有限公司 |
| 55 | 南通醋酸化工股份有限公司 | 79 | 保定乐凯新材料股份有限公司 |
| 56 | 浙江医药股份有限公司 | 80 | 沧州临港亚诺化工有限公司 |
| 57 | 天津利安隆新材料股份有限公司 | 81 | 浙江建业化工股份有限公司 |
| 58 | 山东尚舜化工有限公司 | 82 | 江苏华伦化工有限公司 |
| 59 | 元利化学集团股份有限公司 | 83 | 山东宏旭化学股份有限公司 |
| 60 | 江西黑猫炭黑股份有限公司 | 84 | 山东京博石油化工有限公司 |
| 61 | 江苏索普（集团）有限公司 | 85 | 山东海科新源材料科技股份有限公司 |
| 62 | 安徽金禾实业股份有限公司 | 86 | 南京太化化工有限公司 |
| 63 | 江苏傲伦达科技实业股份有限公司 | 87 | 江西世龙实业股份有限公司 |
| 64 | 天津久日新材料股份有限公司 | 88 | 苏州世名科技股份有限公司 |
| 65 | 滨化集团股份有限公司 | 89 | 山东赫达股份有限公司 |
| 66 | 浙江联盛化学股份有限公司 | 90 | 滨州裕能化工有限公司 |
| 67 | 浙江海正药业股份有限公司 | 91 | 江苏德纳化学股份有限公司 |
| 68 | 中盐安徽红四方股份有限公司 | 92 | 常州新东化工发展有限公司 |
| 69 | 迈奇化学股份有限公司 | 93 | 河北星宇化工有限公司 |
| 70 | 兄弟科技股份有限公司 | 94 | 龙口联合化学股份有限公司 |
| 71 | 浙江中欣氟材股份有限公司 | 95 | 浙江纳美新材料股份有限公司 |
| 72 | 淄博齐翔腾达化工股份有限公司 | 96 | 江苏丽王科技有限公司 |
| 73 | 浙江扬帆新材料股份有限公司 | 97 | 南京大唐化工有限责任公司 |
| 74 | 彩客新能源科技有限公司 | 98 | 广西锰华新能源科技发展有限公司 |

续表

| 排名 | 企业名称 | 排名 | 企业名称 |
|---|---|---|---|
| 99 | 苏州亚科科技股份有限公司 | 100 | 东营海瑞宝新材料有限公司 |

资料来源：中国化工情报协会和全国精细化工原料及中间体行业协作组联合发布，2024 年 5 月。

## 三、中国民营石油化工企业

2023 年中国民营石油化工百强企业排行榜（见表 11-3）显示，百强企业营业收入合计为 4.65 万亿元，占全行业营业收入的 28.08%，其中，石油化工类企业营业收入为 4.11 万亿元；百强企业资产总额为 2.95 万亿元，占全行业资产总额的 17.70%；百强企业利润总额为 3386.00 亿元，占全行业利润总额的 29.96%。

表 11-3　2023 年中国民营石油化工百强企业排行榜

| 序号 | 企业名称 | 省/自治区/直辖市 | 序号 | 企业名称 | 省/自治区/直辖市 |
|---|---|---|---|---|---|
| 1 | 恒力集团有限公司 | 江苏 | 9 | 山东金诚石化集团有限公司 | 山东 |
| 2 | 浙江荣盛控股集团有限公司 | 浙江 | 10 | 浙江卫星控股股份有限公司 | 浙江 |
| 3 | 盛虹控股集团有限公司 | 江苏 | 11 | 恒申控股集团有限公司 | 福建 |
| 4 | 浙江恒逸集团有限公司 | 浙江 | 12 | 新凤鸣控股集团有限公司 | 浙江 |
| 5 | 桐昆控股集团有限公司 | 浙江 | 13 | 永荣控股集团有限公司 | 福建 |
| 6 | 利华益集团有限公司 | 山东 | 14 | 富海集团新能源控股有限公司 | 山东 |
| 7 | 山东东明石化集团有限公司 | 山东 | 15 | 山东海科控股有限公司 | 山东 |
| 8 | 万达控股集团有限公司 | 山东 | 16 | 山东齐润控股集团有限公司 | 山东 |

续表

| 序号 | 企业名称 | 省/自治区/直辖市 | 序号 | 企业名称 | 省/自治区/直辖市 |
|---|---|---|---|---|---|
| 17 | 齐成（山东）石化集团有限公司 | 山东 | 32 | 江苏新海石化有限公司 | 江苏 |
| 18 | 山东寿光鲁清石化有限公司 | 山东 | 33 | 淄博齐翔腾达化工股份有限公司 | 山东 |
| 19 | 山东京博控股集团有限公司 | 山东 | 34 | 淄博鑫泰石化有限公司 | 山东 |
| 20 | 河北鑫海控股集团有限公司 | 河北 | 35 | 无棣鑫岳化工集团有限公司 | 山东 |
| 21 | 山东金岭集团有限公司 | 山东 | 36 | 滨化集团 | 山东 |
| 22 | 山东汇丰石化集团有限公司 | 山东 | 37 | 大连福佳·大化石油化工有限公司 | 辽宁 |
| 23 | 山东垦利石化集团有限公司 | 山东 | 38 | 日出实业集团有限公司 | 浙江 |
| 24 | 金发科技股份有限公司 | 广东 | 39 | 河南心连心化学工业集团股份有限公司 | 河南 |
| 25 | 河北诚信集团有限公司 | 河北 | 40 | 龙佰集团股份有限公司 | 河南 |
| 26 | 山东神驰控股有限公司 | 山东 | 41 | 赛轮集团股份有限公司 | 山东 |
| 27 | 中国庆华能源集团有限公司 | 北京 | 42 | 东营奥星石油化工有限公司 | 山东 |
| 28 | 道恩集团有限公司 | 山东 | 43 | 浙江新安化工集团股份有限公司 | 浙江 |
| 29 | 华峰集团有限公司 | 浙江 | 44 | 云南祥丰实业集团有限公司 | 云南 |
| 30 | 山东东方华龙工贸集团有限公司 | 山东 | 45 | 山东联盟化工集团有限公司 | 山东 |
| 31 | 浙江龙盛控股有限公司 | 浙江 | 46 | 山东玲珑轮胎股份有限公司 | 山东 |

续表

| 序号 | 企业名称 | 省/自治区/直辖市 | 序号 | 企业名称 | 省/自治区/直辖市 |
|---|---|---|---|---|---|
| 47 | 河南丰利石化有限公司 | 河南 | 62 | 北京颖泰嘉和生物科技股份有限公司 | 北京 |
| 48 | 浙江新和成股份有限公司 | 浙江 | 63 | 广东新华粤石化集团股份公司 | 广东 |
| 49 | 胜星集团有限责任公司 | 山东 | 64 | 河南中源化学股份有限公司 | 河南 |
| 50 | 湖北三宁化工股份有限公司 | 湖北 | 65 | 安徽金禾实业股份有限公司 | 安徽 |
| 51 | 山东永鑫能源集团有限公司 | 山东 | 66 | 潮州华丰集团股份有限公司 | 广东 |
| 52 | 河南金山化工集团 | 河南 | 67 | 江苏梅兰化工有限公司 | 江苏 |
| 53 | 三棵树涂料股份有限公司 | 福建 | 68 | 湖南宇新能源科技股份有限公司 | 湖南 |
| 54 | 联泓集团有限公司 | 北京 | 69 | 山东泓达生物科技有限公司 | 山东 |
| 55 | 巴德富集团有限公司 | 广东 | 70 | 安徽广信农化股份有限公司 | 安徽 |
| 56 | 山东恒信集团有限公司 | 山东 | 71 | 浙江闰土股份有限公司 | 浙江 |
| 57 | 恒河材料科技股份有限公司 | 浙江 | 72 | 奥克控股集团股份公司 | 辽宁 |
| 58 | 多氟多新材料股份有限公司 | 河南 | 73 | 河北中捷石化集团有限公司 | 河北 |
| 59 | 史丹利农业集团股份有限公司 | 山东 | 74 | 会通新材料股份有限公司 | 安徽 |
| 60 | 佳化化学股份有限公司 | 辽宁 | 75 | 天津利安隆新材料股份有限公司 | 天津 |
| 61 | 成山集团有限公司 | 山东 | 76 | 河北冀衡集团有限公司 | 河北 |

续表

| 序号 | 企业名称 | 省/自治区/直辖市 | 序号 | 企业名称 | 省/自治区/直辖市 |
|---|---|---|---|---|---|
| 77 | 海利尔药业集团股份有限公司 | 山东 | 89 | 南通醋酸化工股份有限公司 | 江苏 |
| 78 | 湖北茂盛生物有限公司 | 湖北 | 90 | 江苏德纳化学股份有限公司 | 江苏 |
| 79 | 灵谷化工集团有限公司 | 江苏 | 91 | 江苏华伦化工有限公司 | 江苏 |
| 80 | 广东众和化塑股份公司 | 广东 | 92 | 江苏华昌化工股份有限公司 | 江苏 |
| 81 | 安徽省司尔特肥业股份有限公司 | 安徽 | 93 | 江苏中旗科技股份有限公司 | 江苏 |
| 82 | 山东尚舜化工有限公司 | 山东 | 94 | 厦门华特集团股份有限公司 | 福建 |
| 83 | 东营华泰化工集团有限公司 | 山东 | 95 | 亿利洁能股份有限公司达拉特分公司 | 内蒙古 |
| 84 | 浙江永和制冷股份有限公司 | 浙江 | 96 | 成都硅宝科技股份有限公司 | 四川 |
| 85 | 湖北回天新材料股份有限公司 | 湖北 | 97 | 宏业控股集团有限公司 | 河南 |
| 86 | 四川金象赛瑞化工股份有限公司 | 四川 | 98 | 贵州川恒化工股份有限公司 | 贵州 |
| 87 | 山东阳谷华泰化工股份有限公司 | 山东 | 99 | 江西世龙实业股份有限公司 | 江西 |
| 88 | 山东东方宏业化工有限公司 | 山东 | 100 | 海南汉地流体材料有限公司 | 海南 |

资料来源：全国工商联发布，2024 年 5 月。

## 四、中国品牌价值评价信息排名

中国品牌建设促进会联合有关权威单位共同举办的公益性“中国品牌价值评价信息”已经连续举办了十一年。2024 年，共有 1034 个品牌参加评价，其中，775 个品牌的品牌价值评价信息被发布。总品牌价值为 125858 亿元，比 2023 年增加了 24348 亿元，平均品牌价值增长 21 亿元。2024 中国品牌价值评价信息（能源化工）如表 11-4 所示。

表 11-4　2024 中国品牌价值评价信息（能源化工）

| 序号 | 企业名称 | 品牌价值（亿元） | 品牌强度 | 序号 | 企业名称 | 品牌价值（亿元） | 品牌强度 |
|---|---|---|---|---|---|---|---|
| 1 | 中国石油化工集团有限公司 | 3892.01 | 946 | 10 | 大庆油田有限责任公司 | 980.60 | 884 |
| 2 | 中国石油天然气集团有限公司 | 3827.14 | 942 | 11 | 中国华电集团有限公司 | 882.38 | 896 |
| 3 | 中国海洋石油集团有限公司 | 3157.16 | 923 | 12 | 隆基绿能科技股份有限公司 | 722.64 | 921 |
| 4 | 国家能源投资集团有限责任公司 | 2930.88 | 916 | 13 | 国能神东煤炭集团有限责任公司 | 691.24 | 848 |
| 5 | 中国神华能源股份有限公司 | 2246.36 | 905 | 14 | 国电电力发展股份有限公司 | 463.64 | 848 |
| 6 | 中国中化控股有限责任公司 | 1549.89 | 922 | 15 | 万华化学集团股份有限公司 | 447.59 | 943 |
| 7 | 中国华能集团有限公司 | 1260.50 | 886 | 16 | 新奥集团股份有限公司 | 386.71 | 875 |
| 8 | 山东能源集团有限公司 | 1149.93 | 906 | 17 | 中核核电运行管理有限公司 | 255.19 | 900 |
| 9 | 中国南方电网有限责任公司 | 1025.60 | 918 | 18 | 中海石油炼化有限责任公司 | 252.92 | 859 |

续表

| 序号 | 企业名称 | 品牌价值（亿元） | 品牌强度 | 序号 | 企业名称 | 品牌价值（亿元） | 品牌强度 |
|---|---|---|---|---|---|---|---|
| 19 | 晶澳太阳能科技股份有限公司 | 251.78 | 890 | 29 | 道恩集团有限公司 | 160.97 | 847 |
| 20 | 龙源电力集团股份有限公司 | 231.60 | 862 | 30 | 江苏扬农化工集团有限公司 | 160.78 | 881 |
| 21 | 国华能源投资有限公司 | 227.07 | 861 | 31 | 国家能源集团宁夏煤业有限责任公司 | 159.00 | 810 |
| 22 | 国家能源集团国源电力有限公司 | 218.11 | 839 | 32 | 国能准能集团有限责任公司 | 156.12 | 882 |
| 23 | 江苏核电有限公司 | 198.47 | 883 | 33 | 山东京博控股集团有限公司 | 155.89 | 898 |
| 24 | 瓮福（集团）有限责任公司 | 194.47 | 914 | 34 | 浙江华友钴业股份有限公司 | 152.89 | 865 |
| 25 | 新和成控股集团有限公司 | 191.27 | 876 | 35 | 天能控股集团有限公司 | 152.42 | 924 |
| 26 | 贵州磷化（集团）有限责任公司 | 182.30 | 895 | 36 | 晶科能源股份有限公司 | 147.29 | 923 |
| 27 | 山东东明石化集团有限公司 | 174.32 | 819 | 37 | 山东京博石油化工有限公司 | 144.14 | 879 |
| 28 | 国能销售集团有限公司 | 164.20 | 858 | 38 | 富海集团新能源控股有限公司 | 141.18 | 864 |

续表

| 序号 | 企业名称 | 品牌价值（亿元） | 品牌强度 | 序号 | 企业名称 | 品牌价值（亿元） | 品牌强度 |
|---|---|---|---|---|---|---|---|
| 39 | 陕煤集团神木红柳林矿业有限公司 | 135.45 | 856 | 49 | 湖北三宁化工股份有限公司 | 92.09 | 858 |
| 40 | 福建宁德核电有限公司 | 131.03 | 860 | 50 | 江苏扬农化工股份有限公司 | 91.91 | 893 |
| 41 | 山东玲珑轮胎股份有限公司 | 120.63 | 902 | 51 | 北方华锦化学工业集团有限公司 | 82.04 | 845 |
| 42 | 山东海科控股有限公司 | 116.12 | 829 | 52 | 山东汇丰石化集团有限公司 | 81.57 | 838 |
| 43 | 中国石化国际事业有限公司 | 110.38 | 898 | 53 | 淄博齐翔腾达化工股份有限公司 | 78.95 | 787 |
| 44 | 齐成（山东）石化集团有限公司 | 102.85 | 810 | 54 | 国家能源集团陕西神延煤炭有限责任公司 | 75.18 | 837 |
| 45 | 中国神华煤制油化工有限公司 | 101.59 | 859 | 55 | 中海石油化学股份有限公司 | 67.58 | 891 |
| 46 | 中国南方电网有限责任公司超高压输电公司 | 100.37 | 892 | 56 | 中海油田服务股份有限公司 | 64.33 | 856 |
| 47 | 中国石化润滑油有限公司 | 98.17 | 930 | 57 | 三门核电有限公司 | 52.19 | 848 |
| 48 | 湖北兴发化工集团股份有限公司 | 93.10 | 904 | 58 | 济南圣泉集团股份有限公司 | 51.05 | 852 |

续表

| 序号 | 企业名称 | 品牌价值（亿元） | 品牌强度 | 序号 | 企业名称 | 品牌价值（亿元） | 品牌强度 |
| --- | --- | --- | --- | --- | --- | --- | --- |
| 59 | 安徽皖维高新材料股份有限公司 | 50.67 | 898 | 68 | 联泓新材料科技股份有限公司 | 33.44 | 816 |
| 60 | 山东海科化工有限公司 | 50.45 | 810 | 69 | 天津巴莫科技有限责任公司 | 31.29 | 850 |
| 61 | 三角轮胎股份有限公司 | 50.35 | 928 | 70 | 湖北泰盛化工有限公司 | 30.84 | 843 |
| 62 | 正泰安能数字能源（浙江）股份有限公司 | 50.18 | 833 | 71 | 浦林成山（山东）轮胎有限公司 | 30.79 | 900 |
| 63 | 国家能源集团乌海能源有限责任公司 | 50.18 | 811 | 72 | 中盐安徽红四方股份有限公司 | 28.12 | 889 |
| 64 | 国能宝日希勒能源有限公司 | 45.74 | 825 | 73 | 国家能源集团长源电力股份有限公司 | 27.12 | 815 |
| 65 | 贝特瑞新材料集团股份有限公司 | 45.37 | 876 | 74 | 山东京博农化科技股份有限公司 | 26.85 | 874 |
| 66 | 利华益维远化学股份有限公司 | 40.79 | 826 | 75 | 兖矿鲁南化工有限公司 | 26.75 | 881 |
| 67 | 中国船舶集团有限公司第七一八研究所 | 39.66 | 864 | 76 | 远东控股集团有限公司 | 22.00 | 880 |

续表

| 序号 | 企业名称 | 品牌价值（亿元） | 品牌强度 | 序号 | 企业名称 | 品牌价值（亿元） | 品牌强度 |
|---|---|---|---|---|---|---|---|
| 77 | 陕西陕焦化工有限公司 | 20.48 | 798 | 87 | 湖南海利化工股份有限公司 | 16.35 | 834 |
| 78 | 铜陵泰富特种材料有限公司 | 20.29 | 763 | 88 | 江苏索普化工股份有限公司 | 15.23 | 851 |
| 79 | 康辉新材料科技有限公司 | 20.27 | 824 | 89 | 中煤科工开采研究院有限公司 | 14.85 | 882 |
| 80 | 无棣鑫岳化工集团有限公司 | 19.33 | 752 | 90 | 山东海科新源材料科技股份有限公司 | 13.75 | 783 |
| 81 | 国能龙源环保有限公司 | 18.35 | 891 | 91 | 山东华盛橡胶有限公司 | 13.60 | 847 |
| 82 | 浙江皇马科技股份有限公司 | 18.29 | 856 | 92 | 山东滨农科技有限公司 | 13.33 | 867 |
| 83 | 四川金象赛瑞化工股份有限公司 | 17.67 | 888 | 93 | 山东京阳科技股份有限公司 | 12.17 | 770 |
| 84 | 四川美丰化工股份有限公司 | 16.83 | 861 | 94 | 煤炭科学技术研究院有限公司 | 10.30 | 891 |
| 85 | 元利化学集团股份有限公司 | 16.72 | 839 | 95 | 昆仑数智科技有限责任公司 | 10.10 | 824 |
| 86 | 山西天地王坡煤业有限公司 | 16.69 | 736 | 96 | 宝泰隆新材料股份有限公司 | 9.79 | 754 |

续表

| 序号 | 企业名称 | 品牌价值（亿元） | 品牌强度 | 序号 | 企业名称 | 品牌价值（亿元） | 品牌强度 |
|---|---|---|---|---|---|---|---|
| 97 | 山东瑞福锂业有限公司 | 9.74 | 847 | 100 | 山东泓达生物科技有限公司 | 7.20 | 814 |
| 98 | 中煤科工集团重庆研究院有限公司 | 8.87 | 876 | 101 | 抚顺东科精细化工有限公司 | 6.76 | 775 |
| 99 | 雅本化学股份有限公司 | 8.02 | 801 | 102 | 江苏丹霞新材料有限公司 | 6.02 | 735 |

资料来源：中国品牌建设促进会及有关单位发布，2024 年 5 月。

## 第三节　典型案例和经验做法

### 一、探索具有企业特色的科技攻关新型组织方式

中国海洋石油集团有限公司《科技创新强基工程（2021—2030 年）行动方案》提出，针对“急难险重”或可以采取不同技术路线开展研究的攻关需求，由两组或多组科研团队同步攻关，针对实施过程面临技术路径不明朗及成果产出风险较高的攻关研究项目，采取容许失败、鼓励竞争的“赛马”机制，旨在提升攻关成功率。此机制初期选拔两到三个团队，实施分阶段、竞争性的攻关，并通过阶段性评估实行优胜劣汰，后期集中优势资源于表现突出的团队，以确保研究目标的达成。“赛马”研究分为项目“赛马”、专题“赛马”和单项研究“赛马”三类，执行分段考核和淘汰机制，考核结果分为继续研究、联合研究和终止研究三种情况，对于达到或超越预期目标的研究给予奖励。“赛马”研究实施全面管理与推动，涵盖选题策划与审批流程、团队选拔与聘任、阶段性考核评价，以及知识产权管理等关键环节，这些程序贯穿于项目管理、资金运用、采购管理的全周期之中。中海油组建了专项工作组，专注于构建科研攻关的“赛马”制度体系，成功制定了包含一项主体办法与三项详细细则的“赛马”制实施方案。此举措在项目管理、资金管控、采购流程、

知识产权保护，以及考核评价管理等五大领域实现了制度性创新，为“赛马”制的顺畅组织与执行奠定了坚实的制度基础。

## 二、打造化工园区全过程减污降碳协同新路径

宁波石化经济技术开发区是全国七大石化产业基地之一，以全过程协同治理为方向，从园区低碳能源供给、产业链延伸、废弃物综合利用、协同管理等方面积极开展减污降碳协同路径实践。一是“光伏+氢能”供能革新。园区开发布局“光伏+工业”工程，在厂区屋顶与车棚顶部，集中部署相连的光伏设备，构建分布式光伏发电示范区域，优化企业用能结构。积极搭建氢能应用场景，投用氢能通勤客车、氢能大巴和氢能重卡。二是立足石化行业开展全生命周期协同减排。减油增化减少碳排放，布局乙烯及下游新材料、高性能材料化学、电子品等。促进产业协同，逐步形成以烯烃、芳烃产品链为主导，以石化副产品综合利用、副产/基础化工综合利用为辅助的四大循环产业链。综合开发利用 $CO_2$，着力将“碳排放”变为“碳资源”。三是开展资源协同处置。余热循环梯级利用，实现企业间余热余压利用、蒸汽冷凝水回收等能源梯级利用。水资源综合利用，将污水处理厂处理达标的污水，进一步通过过滤等净化工艺，直接作为工业循环冷却系统的补充水源，替代新鲜水使用。废弃物变废为宝，以餐饮废油为原料生产生物航空煤油。

## 三、构建“数据+平台+应用”的智能制造新模式

中石化以石化智云工业互联网平台（以下简称“石化智云”）为核心，以数据中心、工业互联网、物联网为基础支撑平台，打造数字化服务平台、信息技术平台、数据中台与业务中台等企业级数据平台，配合数字化管控体系、信息标准化体系和网络安全体系，最终实现管理、生产、服务、金融四大业务全面上云。石化智云集云资源池、技术服务、能力开放中心、持续交付中心、服务管控中心与云安全体系 6 大功能于一体，为石油产业链上、中、下游提供一体化服务。上游生产应用平台对勘探开发全生命周期管理，支撑老系统集成整合，推动油田信息化建设；中游制造基于工业互联网平台，推进智能工厂建设，实现全面感知、预测预警、协同优化、科学决策；下游销售连接石化 e 贸、易捷等电商

平台，深挖市场机遇，经营客户关系，实现可持续发展。石化智云助力中石化构建产业合作生态，基础支撑平台可共享边缘接入、计算存储、数据服务等能力，数字化平台可共享技术组件与业务组件。石化智云为企业员工、客户、供应商、合作伙伴和消费者提供服务，是数字化资源共享与服务平台。

## 第四节　困难挑战及政策建议

### 一、困难和挑战

#### （一）资源约束的瓶颈趋紧

石化行业以原油作为基础原料，而我国的石化资源状况呈现出“多煤缺油少气”的特点。据国家统计局数据，2023 年中国原油进口总量超 5.60 亿吨，较 2022 年同比增长 11.00%，平均单月原油进口量为 4702.43 万吨，2019—2023 年的平均复合增长率为 2.77%。我国在推进化学工业发展过程中，磷矿、钾矿、锂矿、硼矿等多种矿产资源相对短缺，特别是氟化工行业所需的萤石资源，以及钡锶盐生产中不可或缺的重晶石和天青石资源均显不足。

#### （二）产业结构性问题仍旧显著

我国产业结构以大宗基础化学品为主导，其中，高能耗产品占据较大比重，如纯碱、烧碱、电石、焦炭等广泛使用的合成材料大多以化石资源为原料。在全球范围内，我国有 20 多种物耗与排放均较高的大宗基础化学品，其产能及产量均名列前茅。在高端材料领域，如高性能聚烯烃、高强度碳纤维、高端电子化学品、先进膜材料，以及高纯度试剂等，长期以来依赖进口。中低端产品过剩与高端产品依赖进口的产业结构性问题依然十分显著。

#### （三）碳达峰碳中和提出更高要求

在石油化工行业，超过 3000 家企业能耗量均达到 1 万吨标准煤，累积形成了大量高能耗、高碳排放的存量设备与资产。未来，由于行业

发展需求，石油化工行业在碳排放上仍将有一定的增长。但国家已明确指出，该行业需在2030年之前达到碳排放峰值，整个行业低碳转型面临巨大压力。因此，必须加大对重大减碳技术、零碳技术及负碳技术的研发力度，加快构建碳排放的监测、核算与核查等基础能力，以应对这一挑战。

### （四）安全生产形势仍然严峻

近年来，全国化工事故频发，例如，2023年的辽宁盘锦“1·15”爆炸事故、聊城“5·1”双氧水爆炸事故等。这就要求石化企业严格落实主体责任，着力筑牢安全生产工作基础，防范化解重点领域、重点环节安全风险，确保石化生产的过程安全和本质安全。

## 二、政策建议

### （一）加快推动产业结构调整

持续推进炼化项目“降油增化”，推动石油化工产业链向高端化延伸。提升高端聚烯烃、合成树脂与工程塑料、聚氨酯等领域关键产品供给能力。重点做好烯烃、芳烃的利用，提高碳五、碳九等副产资源利用水平。促进煤化工产业高端化，发展煤制可降解塑料、聚萘二甲酸乙二酯等高附加值新品种。

### （二）加速推进产业布局优化

推动化工园区规范化发展，配备符合安全生产、环境保护、消防要求的设施和力量，提升本质安全和清洁生产水平。鼓励化工园区围绕主业特色，引导园区内企业循环生产、产业耦合发展。深化区域产业转移合作，组织开展化工产业转移对接等活动，推进打造细分领域精细化工产业集群。

### （三）持续推动产业数字化转型

加快5G、大数据、人工智能等新信息技术与石油化工行业融合，加快提升石油化工行业数据采集能力。培育一批园区级、集团级、行业

级的工业互联网平台和若干智慧化工园区，引导开放大企业数字化平台和供应链，构建大企业带动中小企业转型提升机制。结合行业特点建设并遴选一批数字化车间、智能工厂、智慧供应链。

### （四）着力支持绿色低碳发展

有序推动石油化工行业重点领域节能降碳，提高行业能效水平。持续开展绿色工艺、绿色产品、绿色工厂、绿色供应链管理企业和绿色工业园区认定，优化完善全生命周期绿色制造体系。推动石油化工与建材、冶金、节能环保等行业耦合发展。鼓励企业运用清洁生产技术装备改造提升，从源头上实现工业废弃物“减量”目标。

第十二章

# 光伏

## 第一节 行业发展情况

光伏，作为全球新能源的重要组成部分，正悄然改变全球的能源结构。光伏产业（photovoltaic，PV），主要指以硅材料的应用开发形成的光电转换产业链条，包括高纯多晶硅原材料生产、太阳能电池生产、太阳能电池组件生产、相关生产设备的制造，以及光伏发电的应用等多个环节。自全球开启能源革命以来，中国光伏行业凭借其技术先进性成为能源转型的重要推动力。

### 一、整体情况

自 2013 年中国首次超越德国成为全球第一大光伏应用市场以来，中国光伏产业一直保持持续增长的趋势。2023 年，光伏超越水电，成为全国第二大电源；这一年，新增光伏发电装机容量创下历史新高。据国家能源局数据，2023 年，我国新增光伏发电装机容量为 216.3GW，同比增长 147.5%，连续 11 年位居全球首位，累计光伏并网装机容量达到 608.9GW，光伏累计装机容量连续 9 年位居全球首位，光伏累计装机容量占发电装机总量比重达 20.9%。在细分市场方面，2023 年，集中式光伏新增装机容量反超分布式光伏新增装机容量。聚焦国网区域，2023 年，新增装机容量前 3 名分别是河北、新疆、山东；集中式光伏新增装机容量前 3 名分别是新疆、甘肃、河北；分布式光伏新增装机容量前 3 名分别是河南、江苏、山东。在投资方面，2023 年 1—11 月，光伏工程投资完成 3209.0 亿元，同比增长 60.5%。在发电量方面，据国家统计局数据，2023 年，规模以上工业企业太阳能累计发电量为 2940.0 亿千瓦时，同比增长 17.2%。2023 年，太阳能发电量为 5833.0 亿千瓦时，同比增长 36.4%。在出口方面，根据海关数据，2023 年，中国直径大于 15.2cm 的单晶硅切片出口量合计为 79.2 亿片，出口金额合计为 54.1 亿美元；电池片（未装在组件内或组装成块的光电池）出口金额合计为 41.6 亿美元；组件（已装在组件内或组装成块的光电池）出口金额合计为 396.2 亿美元；逆变器出口金额合计为 99.6 亿美元。截至 2023 年年底，中国光伏产品累计出口额为 2453.0 亿美元。在产业链方面，2023 年，光伏产业链链上产品价格大幅下跌，多晶硅、硅片、电池片、组件价格降幅分别达 66.0%、49.0%、55.0%、48.0%。在"双碳"目标下，光伏行业的市场前景广阔，且每年以一定的增速扩容。根据国际可再生能源署（IRENA）数据，预计到 2030 年全球光伏累计装机容量将至少达到 6.4TW，这意味着 2023—2030 年新增装机容量超过 4.3TW，年均增长 544GW。当前，中国光伏产业已进入万亿元赛道，2022 年，全年光伏行业的总产值突破 1.4 万亿元；若加上辅助材料和装备，总产值超过 2.2 万亿元；截至 2022 年年底，138 家光伏上市公司的总市值高达 3.8 万亿元，占 A 股市值 5%左右。

## 二、产业创新

随着行业竞争加剧，进入调整时期的光伏行业，也走到了技术迭代的岔路口。层级主流的 P 型电池量产效率接近 24%，已接近极限数值。行业从 P 型向 N 型方向转身。具体而言，N 型电池技术主要分为隧穿氧化层钝化接触太阳能电池（Tunnel Oxide Passivated Contact solar cell，TOPCon）技术、异质结技术（Heterojunction Technology，HJT）和背接触（Back Contact，BC）电池技术等。晶科能源股份有限公司（以下简称"晶科能源"）、天合光能股份有限公司（以下简称"天合光能"）、晶澳太阳能科技股份有限公司（以下简称"晶澳科技"）为 TOPCon 技术的主要推动者，目前，TOPCon 已经于 2023 年拉开了大规模量产的序幕。据相关媒体报道，2023 年以来，国内已投产 TOPCon 产能达到

433.0GW。根据业内统计，2023 年 N 型 TOPCon 出货量约占市场总额的 25%以上。HJT 由东方日升新能源股份有限公司（以下简称“东方日升”）、浙江爱康新能源科技股份有限公司（以下简称“爱康科技”）等企业推动，虽然没有迎来同 TOPCon 一般火热投产的场景，但随着技术的不断突破，其生产成本也进一步降低。BC 电池技术随着隆基绿能科技股份有限公司（以下简称“隆基绿能”）举牌，这一原本小众的技术路线进入大众视野，作为一种平台型技术，BC 可与 P 型、TOPCon、HJT 等主流电池技术结合。业内人士表示，BC 电池在转换效率上无可指摘，但是其面临投资成本高昂、工艺难度高等多重挑战。相较当下 TOPCon 的产能与出货规模，BC 电池产能仍在爬坡阶段。目前，全球晶硅—钙钛矿叠层电池效率的最高纪录由隆基绿能持有。2023 年 11 月 3 日，据美国国家可再生能源实验室（NREL）最新认证报告，由隆基绿能自主研发的晶硅—钙钛矿叠层电池效率达到 33.9%。隆基绿能对外宣布了在商业级绒面 CZ 硅片上晶硅—钙钛矿叠层电池的转换效率达到 31.8%，该效率创造了世界第 3、中国第 1 的纪录。

## 三、产业链供应链的韧性和安全

随着光伏发电在能源供应体系中占据越来越重要的地位，光伏相关产业也随之强大起来，已形成了从高纯度硅材料、硅锭/硅棒/硅片、电池片/组件、光伏辅材辅料、光伏生产设备到系统集成和光伏产品应用等完整的产业链条。中国光伏产业已形成全球最完整的产业配套环境和供应链体系，各生产环节产量在全球市场份额均超过 80%，光伏产品出口总量持续走高，主导全球产业供应格局。国际能源署（IEA）的数据显示，2023 年，全球太阳能生产支出（约 3800 亿美元）将有史以来首次超过石油生产支出（约 3700 亿美元）。其中，中国生产了全球 80%的太阳能电池板、85%的太阳能电池和 97%的太阳能硅片。光伏行业的产业链上游主要由光伏电池相关原材料组成，包括形成电池的单晶硅和多晶硅。硅片生产企业已经呈现“双寡头”格局，在太阳能硅片全球市场份额中，我国占据大部分；在国内市场份额中，产能格局仍高度集中。下游为光伏发电应用领域，包括分布式光伏发电和集中式光伏发电。近年来，基于能源和产业链供应链安全的考虑，全球光伏产品主要进口国开始积极推动新能源产业链本土化，陆续出台相应的激励措施推动本土新能源制造业发展，以保障自身的能源安全，增强能源独立性。例如，2022 年 8 月，美国通过了《通胀削减法案》，该法案提到未来 10 年计划将 3690 亿美元用于能源生产、制造业项目的税收减免和投资，包括加大低收入社区光伏税收优惠规模，以及在光伏制造端增加税收抵免，对光伏全产业链的本土化建设予以支持。2022 年 12 月，欧盟委员会正式启动欧洲太阳能产业联盟（ESIA），在可再生能源的许可和融资上予以支持，以在欧盟建立完整的太阳能光伏产业链和价值链。

## 四、高端化、智能化、绿色化发展

光伏产业是我国优势产业之一，高端化、智能化和绿色化的结合应用，是保持其全球竞争力的关键。2023 年以来，国家层面连续发文，促进光伏行业智能化转型。2023 年 9 月，工业和信息化部、财政部印发《电子信息制造业 2023—2024 年稳增长行动方案》，提出深入实施《智能光伏产业创新发展行动计划（2021—2025 年）》，推动“智能光伏+储能”在工业、农业、建筑、交通及新能源汽车等领域创新应用，并发布第四批智能光伏试点示范名单。《智能光伏产业创新发展行动计划（2021—2025 年）》明确提出，到 2025 年，光伏行业智能化水平显著提升，产业技术创新取得突破，智能光伏产业生态体系建设基本完成，智能光伏产品供应能力增强。2023 年 11 月，工业和信息化部等 5 部门发布的《关于开展第四批智能光伏试点示范活动的通知》明确提出，为加快智能光伏技术进步和行业应用，推动能源技术与现代信息、新材料和先进制造技术深度融合，全面提升我国光伏产业发展质量和效率，支持培育一批智能光伏示范企业，支持建设一批智能光伏示范项目。

## 五、企业国际竞争力

我国光伏产品产量持续创新高。2023 年，我国太阳能发电量占总发电量比重较 2014 年提高 5.8 个百分点，太阳能累计装机容量 10 年复合增长 44.0%，连续 9 年位居全球首位，光伏产业链主要环节产品产量再创新高，多晶硅、硅片、太阳能电池片、太阳能组件产量 10 年复合

增速分别为 32.8%、35.6%、36.0%、33.7%。多晶硅年产量为 143 万吨，同比增长 66.9%，持续 13 年处于全球领先地位；硅片年产量为 622 吉瓦，同比增长 67.5%；太阳能电池片年产量为 545.0 吉瓦，同比增长 64.9%；太阳能组件年产量为 499.0 吉瓦，同比增长 69.3%，连续 17 年位居全球首位；累计装机容量为 6.1 亿千瓦，同比增长 55.2%，连续 9 年位居全球首位。我国光伏行业在生产成本方面具备较强的全球竞争力。根据中国光伏行业协会（CPIA）和赛迪能源的数据，2022 年，我国地面光伏系统、分布式光伏系统的初始投资成本分别约为 4.1 元/瓦、3.7 元/瓦。根据美国国家可再生能源实验室（NERL）的数据，2022 年第 1 季度美国户用屋顶、分布式光伏系统的初始投资成本约为 20.0 元/瓦、13.3 元/瓦。据伍德麦肯兹公司数据，以 2023 年 12 月统计的太阳能模块价格为例，中国的成本为 0.2 美元/瓦，远低于印度、欧洲和美国。中国制造的组件成本全球最低。技术创新是驱动光伏制造高质量发展的不可或缺要素，我国光伏领域申请专利数量排名全球第 1 位。2023 年，我国太阳能电池专利申请量为 12.6 万件，摘得全球桂冠。我国光伏企业积极布局多种新兴技术，在 TOPCon、HJT 和钙钛矿等多个赛道上取得优势地位，实现了量质齐飞的发展格局。

## 第二节　重点企业发展情况

### 一、行业龙头企业

2023 年 113 家上市光伏企业营业收入合计为 16372.5 亿元，排名前 10 的企业营业收入全部在 500 亿元以上，10 家企业营业收入合计达到 9203.2 亿元，占总营业收入的 56.2%。从增长幅度看，有 81 家企业实现了正向增长，32 家企业营业收入同比下滑，占比达到了 28.3%。增长幅度超 1 倍的企业仅 7 家。2023 年年报显示，隆基绿能、晶科能源、晶澳科技分别实现营业收入 1295.0 亿元、1186.8 亿元、815.6 亿元；分别实现归母净利润 107.5 亿元、74.4 亿元、70.4 亿元。2023 年“千亿市值军团”由 10 家缩减至 5 家，“股市新秀”共计 4 家。晶科能源 2023 年年报显示，该公司营业收入自上市以来首次突破千亿元大关。晶科能源 2023 年实现营业收入 1186.8 亿元，同比增长 43.6%，归母净利润为 74.4 亿元，同比增长 153.2%，公司毛利率为 14.0%，销售净利率为 6.7%，较前几年小幅提升。该公司称，收入和净利润的增长主要得益于组件出货量的增加和 N 型产品占比提升。2023 年，晶科能源光伏组件出货量为 78.5GW，其中，N 型组件出货量为 48.4GW，占比约 62.0%。晶科能源预计 2024 年公司 N 型电池平均量产效率提升至 26.5%，全年预计达成 100～110GW 的年度出货量目标，其中，N 型电池出货量占比接近 90%。阳光能源控股有限公司（以下简称“阳光能源”）2023 年年报显示，该公司营业收入为 722.5 亿元，同比增长 79.5%，净利润同比增长达 162.7%。阳光能源在市场和研发上纵深发力，持续推进产品和服务全覆盖战略，光伏逆变器、储能系统、新能源投资开发等核心业务均实现高速增长。由于行业特点，虽然两家头部企业业绩均大幅增长，但两家公司应收账款、存货均超过 200 亿元。其他企业的存货及应收账款亦偏高，例如，上能电气股份有限公司（以下简称“上能电气”）营业收入为 49.3 亿元，而其应收账款为 20.9 亿元，存货为 13.3 亿元。无锡帝科电子材料股份有限公司（以下简称“帝科股份”）2023 年营业收入及利润增长迅速，主要受益于全球光伏市场的强劲需求及 N 型电池的快速产业化，帝科股份实现营业收入 96.0 亿元，同比增长 154.9%，净利润为 3.9 亿元，同比实现扭亏。

## 二、专精特新“小巨人”企业

光伏领域专精特新“小巨人”企业专注细分领域，具备专业化生产、服务和协同配套的能力，其产品或服务在产业链的某一环节中占据主导位置，为大企业、大项目和大产业链提供高质量的零部件、配套产品和配套服务。例如，无锡隆玛科技股份有限公司（以下简称“隆玛科技”）自 2002 年成立以来，凭借专业的研发队伍、精细的企业管理、特色的创新能力及对太阳能光伏应用技术行业的深刻理解，拥有 130 余项自主专利产权。无锡阳光精机有限公司（以下简称“阳光精机”）2005 年成立，是国家级专精特新“小巨人”企业。该公司形成了“以高速精密主轴系列产品为核心，以主辊、弧形导轨及零配件制造为支撑，以配套维修改造服务为特色”的业务体系。上海欧普泰科技创业股份有限公司

（以下简称“欧普泰”）位于上海市普陀区天地软件园，是一家专注聚焦光伏行业，以AI视觉检测系统赋能解决方案为核心的北交所上市公司。该公司1999年成立，2008年开始探索光伏产业相关产学研成果在行业内的应用场景，2021年被评定为第三批国家级专精特新“小巨人”企业。在全球加速能源转型的背景下，光伏产品大批量生产的需求增加，然而传统检测漏判误判率高、人工成本增加的问题日益突出，组件厂商备受组件交付后退货返厂问题困扰。该公司紧紧围绕行业痛点，凭借强大的软件开发团队，于2017年开始研发基于人工智能核心技术的视觉检测系统，该系统已在多家行业龙头企业的生产流水线中大规模成熟应用，市场占有率持续上升。

## 三、单项冠军企业

制造业单项冠军企业，是指长期专注于制造业某些特定细分产品市场，生产技术或工艺国际领先，单项产品市场占有率位居全球或国内前列的企业。例如，晶澳科技凭借其在光伏组件方面的行业领先优势，作为第五批制造业单项冠军企业，再次入选国家级制造业单项冠军名单。晶澳科技始终坚持“稳健增长、持续盈利”的经营原则，凭借在产品技术、客户服务和品牌认可度等方面的突出表现，连续多年光伏电池组件出货量稳居行业第一梯队，在欧洲、中东北非、拉美、东南亚、非洲等地区连续多年获评“顶级光伏品牌”，连续8次获评PVEL“最佳表现”组件制造商、连续4年荣获RETC“全面表现最优”认可，多次入选全球新能源企业500强、《财富》中国500强。在光伏、动力电池等领域，南京埃斯顿自动化股份有限公司（以下简称“埃斯顿”）均拥有高端化、智能化设备和数字化工厂解决方案。伴随光伏产业链出海，埃斯顿提前布局精准抓住行业机会，研发的光伏排版工业机器人受到市场青睐。2023年，全球90%的光伏电池片工厂均使用埃斯顿机器人。埃斯顿紧盯“双碳”目标，打造中国新能源产业新高地、新名片。拉普拉斯新能源科技股份有限公司（以下简称“拉普拉斯新能源”）成功攻克了N型光伏高效电池的技术瓶颈，核心设备大规模应用于TOPCon、XBC等多种光伏高效电池制造，助推国内光伏电池厂商打破光电转换的世界纪录。

## 第三节　典型案例和经验做法

近年来，“跨界融合、多能互补”成为我国能源绿色低碳转型的关键词，“光伏+”模式持续赋能各行各业。全国多地均出台相关实施方案，鼓励“光伏+”和分布式光伏纵深发展。贵州省推出“光伏+农业”模式，探索“农光互补”产业应用，打造绿色能源技术与传统农业融合发展新业态；江苏省投运全国首个超大规模“光伏+气膜”光伏电站项目，有效避免当地煤炭砂石等散料的扬尘外溢问题，每年可减少污水排放约 28 万吨；甘肃探索“光伏+养殖”的绿色发展之路，为当地养牛场加装太阳能板，采用“自发自用、余量上网”的消纳方式，给当地养殖户带来额外发电收益。浙江省近年来竭力推动建设“未来工厂”，旨在通过数字化、网络化和智能化手段，运用先进的人工智能技术，实现生产过程的全面自动化、精准化，是中国版的“灯塔工厂”。从全省已建设的 52 家“未来工厂”看，较好实现了增效、降本、节能、减碳。这些工厂不仅自身具备了优秀的生产能力，而且会通过示范和引领，带动产业链中的上下游企业走向智能化，推动新型工业化整体水平提升。

“灯塔工厂”是智能制造的集大成者。近年来，国内光伏企业不断践行智能制造、工业 4.0 理念，“黑灯工厂”持续发展。中国有 62 座“灯塔工厂”，是全世界“灯塔工厂”最多的国家。这充分显示了中国制造业迈向数字化的坚实步伐和显著成果，也是发展新质生产力的生动案例和具体场景。麦肯锡公司称，“灯塔工厂”在价值链和商业模式等方面具有重要作用，自动化、数字化和智能化是其基本特征。隆基绿能持续深耕光伏领域，构建起单晶硅片、电池组件、分布式光伏解决方案、地面光伏解决方案、氢能装备五大业务板块，不断推动行业向高端化、智能化、绿色化方向迈进。自 2022 年 5 月起，隆基绿能正式启动“灯塔工厂”项目，累计投资约 1 亿元，打造了 13 个先进的数字化用例，运营指标大幅提升。2023 年，隆基绿能嘉兴基地入选世界经济论坛公布的“灯塔工厂”名单。隆基绿能嘉兴基地“灯塔工厂”正是光伏企业践行智能制造的鲜活实践。隆基绿能嘉兴基地“灯塔工厂”一年内单位制造成本降低 28%，产量损失减少 43%，生产交货时间缩短 84%，降低生

产能耗 20%。隆基绿能嘉兴基地已成为全球光伏产业迈向数字化、智能化转型道路上的标杆。隆基绿能嘉兴基地自 2020 年投产以来，大规模采用工业互联网、大数据、人工智能、数字孪生等新技术，开发实施了 30 多项数字化专利推动智能制造，持续提升产业效能、产业链整体水平。TCL 中环天津园区获评智能光伏产业主题园区。该工厂主导产业产线均按照工业 4.0 理念设计，关键设备数控率达到 90%，生产数据自动采集达到 96%，数据采集分析系统与生产管理系统之间的数据自动传输率达到 100%。

隆基绿能嘉兴基地通过智能化、数字化升级，全面提升生产效率，每隔 18 秒，生产线上就有一个组件下线。隆基绿能嘉兴基地创新应用 AI 精准追溯技术，在生产过程中每 18 秒就可以判断出 12 串组件是否有缺陷。同时，新技术能有效进行识别和追溯缺陷位置。这一技术不仅保证整个生产过程的高效率，还提高了对客户的响应速度。隆基绿能嘉兴基地先进的管理系统为精益生产提供了有效支撑。在这里，一套设备综合效率管理系统与 20 条生产线并联，900 多台设备和 21 万多个点位数据在网络中互通。在这套管理系统的赋能下，隆基绿能嘉兴基地实现了产线设备综合效率和单线日产能提升 30%以上，将设备问题平均解决时间提升了 28%。在多项技术赋能下，隆基绿能嘉兴基地不仅可以实现层压等多项工序自动化，且整线工艺稳定性达到行业最优。除了 AI 精准追溯技术，隆基绿能嘉兴基地还应用了机器视觉赋能的柔性自动化、订单生产交付周期智慧管理、AI 算法赋能的电池资源匹配及动态纠偏等数字化技术，有效提升了产品的可靠性，保障了产品的精准交付。在推动研发落地方面，2023 年 12 月，隆基绿能嘉兴基地刷新单结晶硅太阳能电池效率世界纪录。近年来，隆基绿能嘉兴基地注重创新研发，推动更多新技术迈出实验室、走上生产线。“宽研窄投”的研发体系对隆基绿能嘉兴基地的生产制造起到关键作用。“宽研”是指布局具有潜力的不同技术路线和产业领域，以保证企业具有足够的研判信息；“窄投”是指选择最有发展潜力、最有社会价值的技术，集中精力把优选的技术“种子”投入量产。在隆基绿能嘉兴基地，每年研发投入超过 3 亿元，现在已经拥有 50 多人的工艺团队，确保快速将最新技术导入生产，形成技术领先、产品领先和成本领先的竞争优势。随着各项技术在隆基绿能嘉兴基地落地，隆基绿能作为智能制造的先行者，将新信息技术融入先进的光伏制造技术创新中，加速光伏行业从制造向智造跃迁。以隆基绿能嘉兴基地“零碳建筑”等为标杆，在未来城镇化发展的重点区域，尽快开展不同气候区、不同建筑类型的超低能耗建筑规模化推广示范工作，有助于降低能源消耗。隆基绿能嘉兴基地坚持“用好每一寸阳光”，探索用清洁能源制造清洁能源，创新应用模式，推动能源系统可持续发展，实现绿色升级，为应对全球气候变化做出积极贡献。

## 第四节　困难挑战及政策建议

### 一、困难和挑战

光伏行业发展面临的困难和挑战包括以下 7 个方面。一是成本压力大，利润空间有限。光伏行业的成本问题一直是制约其发展的关键因素之一。尽管近年来光伏技术不断进步，成本有所降低，但与传统能源相比，光伏发电的成本仍然偏高。这导致光伏项目的投资回报周期长，影响了企业的积极性和市场竞争力。二是技术创新不足，转换效率待提升。光伏技术的创新是推动行业发展的核心动力。目前，光伏行业在技术创新方面仍显不足，尤其是在提高光伏电池转换效率、降低衰减率等方面仍有较大提升空间。技术创新不足不仅限制了光伏发电的效率，也增加了项目的运营成本。三是市场竞争激烈，企业生存压力大。大量企业涌入光伏市场，导致同质化竞争、价格战频发。四是政策依赖性强，市场波动大。光伏行业的发展在很大程度上依赖政策扶持。政策的调整往往会对光伏市场产生较大影响，这使得光伏企业在制定发展规划时难以预测未来市场走势，增加了经营风险。五是电网接入难题，消纳能力有限。光伏发电的间歇性和波动性给电网接入带来了挑战。由于电网的调度能力和消纳能力有限，光伏项目的并网接入往往受到限制。这不仅影响了光伏项目的建设和运营，也制约了光伏行业的发展速度。六是储能技术发展滞后，制约光伏应用。储能技术是解决光伏发电间歇性和波动性问题的关键。储能技术的发展相对滞后，成本高、效率低、安全性差等问题仍未得到有效解决，这制约了光伏发电在更大范围内的应用和推广。七是人才短缺，制约行业长期发展。光伏行业的快速发展对人才的需求日益旺盛。目前，光伏行业的人才储备并不充足，在光伏全产业链上，专业技术工人、高端技术研发人员、复合型人才资源十分稀缺，这制约了光伏行业的创新能力和市场竞争力，影响了行业的长期发展。

## 二、政策建议

为推进光伏行业全面健康发展，建议从以下 5 个方面入手。一是加大研发投入，提高科技创新能力。推动政府、企业和研究机构共同发力，增加对光伏技术研发的资金支持。通过设立专项资金、优惠政策等措施，鼓励企业加大研发力度，推动光伏技术的创新。加强国际科技合作，引进国外先进技术和管理经验，提高我国光伏技术创新能力。从设备、材料、产品等方面全面发力，拓展新的应用场景，进一步降低成本，巩固提升产业链的竞争力。挖掘 HJT、TOPCon 和钙钛矿等电池技术在转换效率和成本控制上的潜力。二是加强人才培养，提升创新能力。人才是创新的根本。鼓励和支持高等院校设置光伏专业及相关课程，开展针对性的教育和研究。加强企业与高等院校之间的合作，通过产学研结合，提高职业技能和创新能力，培养一批具有国际视野、掌握核心技术的光伏专业人才。加强企业内部培训，提高员工的技能水平，为光伏技术创新提供人才保障。适度扩大招聘范围，包括国内外人才，并积极与相关高等院校和研究机构合作，建立人才储备库。三是优化产业结构，促进产业集群发展。通过政策引导、产业扶持等手段，推动光伏产业链的完善和升级。鼓励企业加强上下游合作，形成产业集群效应，降低生产成本，提高产品竞争力。四是加强政策支持，营造良好创新环境。进一步完善政策体系，为光伏技术创新提供有力支持。充分考虑光伏产业的特点和需求，在税收优惠、补贴政策、市场准入等方面，为光伏技术创新创造良好的政策环境。五是加强国际合作，共享创新成果。推动光伏企业与国际能源机构、科研机构等展开合作，共同研究解决光伏产业发展中的难题，推动技术进步和产业升级，共享创新成果。掌握国际前沿动态，引进国外先进技术，为我国光伏行业技术创新提供有益借鉴。

第十三章

# 锂离子电池

2023 年，全球锂离子电池行业驶入了发展的快车道，成为新能源转型浪潮中不可或缺的力量。这一年，锂离子电池行业不仅在技术迭代、市场扩张上取得了显著进展，而且在供应链优化、绿色制造等方面也迈出了坚实的步伐。总体来看，2023 年是锂离子电池行业创新与变革交织、机遇与挑战并存的一年，其发展速度与规模均创下了历史新高，为全球能源结构的转型升级提供了强大的支撑。

## 第一节　行业发展情况

### 一、整体情况

2023 年，全球锂离子电池行业见证了前所未有的增长与变革，成为新能源转型浪潮中的核心推动力。在电动汽车需求激增、储能系统广泛应用、便携式电子设备持续普及等背景下，锂离子电池行业步入了高速发展阶段。

根据锂离子电池行业规范公告企业信息和行业协会测算，全国锂离子电池总产量超过 940.0 吉瓦时（GWh），同比增长 25.0%，行业总产值超过 1.4 万亿元。电池环节，2023 年，消费型、动力型、储能型锂离子电池产量分别为 80GWh、675GWh、185GWh，锂离子电池装机容量（含新能源汽车、新型储能）超过 435GWh。出口贸易持续增长，全国锂离子电池出口总额达到 4574.0 亿元，同比增长超过 33.0%。一阶材料环节，2023 年，正极材料、负极材料、隔膜、电解液产量分别达到 230.0

万吨、165.0万吨、150.0亿平方米、100.0万吨，增幅均在15.0%以上。二阶材料环节，2023年，碳酸锂、氢氧化锂产量分别约46.3万吨、28.5万吨，电池级碳酸锂、电池级氢氧化锂（微粉级）均价分别为每吨25.8万元和27.3万元。全年锂离子电池产品价格出现明显下降，2023年，国内方形磷酸铁锂动力电池、方形三元动力电池、方形磷酸铁锂储能电池的价格均跌破0.6元/Wh。

## 二、产业创新

2023年，锂离子电池行业的创新聚焦于材料科学、系统设计、制造工艺等多个维度，不仅推动了电池性能的大幅提升，而且为实现更广泛的能源应用场景提供了可能。

宁德时代发布的凝聚态电池单体能量密度高达500Wh/kg，可实现电池高比能与高安全，并可快速实现量产。同时，宁德时代宣布实现了第三代CTP（Cell To Pack）技术麒麟电池的量产。相比前两代CTP技术，麒麟电池完全取消模组形态设计，通过优化冷却结构，进一步提升电池安全性、寿命、快充性能，以及比能量密度。2023年，宁德时代发布的神行超充电池，实现了磷酸铁锂材料上的4C超充，打破了以往性能局限，充电10分钟可续航400千米，高能量密度与安全性并重，让高端科技走向大众。比亚迪的“魔方”储能系统，凭借刀片电池与CTS技术，大幅提高了空间利用率与结构强度，展示了电池系统集成技术的未来方向。欣旺达电子股份有限公司（以下简称“欣旺达”）推出的“闪充”电池与CTP液冷电池包，在保证安全性的基础上实现了超快速充电与高能量密度，满足了市场对电动汽车续航与安全的双重需求。国轩高科股份有限公司（以下简称“国轩高科”）的磷酸锰铁锂（LFMP）体系电芯与电池包，采用了极简的设计，能将Pack结构件数量减少45%，重量减少32%，且线束长度降低26%。惠州亿纬锂能股份有限公司（以下简称“亿纬锂能”）的LF560K储能电池采用CTT技术和第三代高速叠片制造技术，有效降低成本并提升储能效率，为大规模储能应用提供了新方案。蜂巢能源科技股份有限公司（以下简称“蜂巢能源”）的龙鳞甲电池包应用热电分离、空间功能集成设计等全新技术，实现了单体安全和系统安全的全面提升。中创新航科技集团股份有限公司（以下简称“中创新航”）的“顶流”圆柱电池，采用了行业首发顶流结构与原创“极质”电解液技术，结构内阻相较于全极耳结构下降 50%，能量密度可达 300Wh/kg，实现 6C+快充，大幅提升电池性能。

## 三、产业链供应链韧性和安全

2023 年，中国锂离子电池行业在保持快速发展的同时，高度重视产业链供应链的韧性和安全。面对国内外复杂多变的市场环境，行业积极调整产业布局，加强上下游协作，有效应对各种挑战，保障了产业链的稳定运行和持续发展。

一是多元化供应商策略。面对全球供应链的不确定性，中国锂离子电池企业采取了多元化供应商策略，以确保关键原材料的稳定供应。此外，比亚迪也在积极拓展原材料供应链，以降低其对单一供应商的依赖。二是加强库存管理。为了应对原材料价格波动和供应链中断的风险，中国锂离子电池企业加强了库存管理。通过建立合理的库存水平，企业能够在供应链中断时保持生产连续性，同时通过灵活调整库存策略，应对原材料价格的波动。三是全链条布局。锂离子电池行业拥有从原材料开采、加工、电池制造到回收再利用的完整产业链。完整的产业链布局使锂离子电池行业在面对原材料供应波动、市场需求变化等挑战时，能够迅速调整生产策略，保障产业链的稳定运行。四是多元化市场战略。锂离子电池行业在国内外市场均有布局，并且实现了多元化市场供应。这种市场布局使行业在面临某一市场萎缩时，能够通过其他市场的增长弥补损失，保障产业链的稳定运行。五是政策支持与行业规范。我国政府在提升产业链供应链韧性和安全方面发挥了重要作用。2022 年年底，工业和信息化部和国家市场监督管理总局发布的《关于做好锂离子电池产业链供应链协同稳定发展工作的通知》，提出了一系列政策措施，包括加强产业链协同、优化供应链管理、提升供应链金融服务等，以维护产业链供应链的稳定，对 2023 年锂离子电池产业的发展提供了有效支撑。

## 四、高端化、智能化、绿色化发展

2023 年，中国锂离子电池行业在高端化、智能化、绿色化发展方面取得了显著成就，不仅提升了行业的整体竞争力，也为实现可持续发展奠定了坚实的基础。中国锂离子电池企业通过技术创新、智能制造和绿色生产，推动了锂离子电池行业的转型升级和高质量发展。

技术创新是推动锂离子电池行业高端化发展的关键。中国锂离子电池企业在 2023 年不断突破关键技术，推出了多项高端产品。企业通过优化电池结构设计、改进电极材料、采用新型电解液等手段，实现了能量密度、功率密度、循环寿命等关键指标的显著提升。例如，通过引入硅碳复合材料作为负极、高镍材料作为正极的应用，电池能量密度达到了 300Wh/kg 以上，某些高端产品甚至超过了 400Wh/kg，大大提升了电动汽车的续航里程。

智能制造是推动锂离子电池行业智能化发展的核心。随着工业 4.0 概念的普及，越来越多的锂离子电池企业开始引入自动化生产线和信息化管理系统，以提高生产效率和产品质量。例如，宁德时代创建了全流程智能测控系统。以仿生可视化巡检替代人工巡检，全生产流程设置超 6800 个质量控制点，铺设 4 万余个图像传感器，全面监控生产设备，实时捕捉产品状态。国轩高科新建产线将智能化装备数据采集端与 ERP、WMS 及 MES 无缝链接，通过 MES 系统实时监测每台生产设备的质量数据、生产数据、车间环境数据和能耗数据。

绿色生产是推动锂离子电池行业绿色化发展的重点。随着全球对环保和可持续发展的重视，中国锂离子电池企业在 2023 年积极采取措施，推动生产过程的绿色化。例如，2023 年，宁德时代全资子公司广东瑞庆时代新能源科技有限公司（以下简称“瑞庆时代”），正式获得全球知名认证机构 SGS 颁发的 PAS2060 碳中和认证证书，标志着瑞庆时代正式跻身零碳工厂行列。这是宁德时代首个储能电池为主的零碳工厂，也是继宁德时代四川宜宾工厂之后的第二个全资电池零碳工厂。随着锂离子电池的广泛应用，废旧电池的回收处理成为了行业关注的焦点。锂离子电池企业通过举办中国废旧动力电池循环利用行业高质量发展高峰论坛等活动，总结经验、完善行业技术发展路线，持续推动锂离子电池行业的绿色化发展。

## 五、企业国际竞争力

2023 年，中国锂离子电池企业不断提升产品质量和性能，成功打入欧洲、美国等重要市场，与国际竞争对手展开了激烈的竞争。

中国锂离子电池企业在全球市场中占据了核心地位。2023 年，全国锂离子电池出口总额达到 4574 亿元，同比增长超过 33%。动力锂离子电池出货量达到 630GWh，全球占比超过 70%；储能锂离子电池出货量超过 200GWh，全球占比超过 90%。以上数据不仅显示了中国锂离子电池产业的国际竞争力，也反映了中国企业在全球锂离子电池市场中的重要地位。

技术创新是提升中国锂离子电池企业国际竞争力的关键。2023 年，中国企业不断突破关键技术，推出了多项创新产品，如高镍三元电池、固态电池等，部分产品在性能和安全方面达到甚至超过了国际先进水平，有效增强了中国品牌的市场竞争力。

成本控制是提升中国锂离子电池企业国际竞争力的重要因素。企业通过规模化生产、优化供应链管理、降低原材料成本等措施，有效控制了生产成本，从而在国际市场上形成了价格优势。这种价格优势使得中国锂离子电池产品在性价比方面具有显著竞争力。

市场拓展是提升中国锂离子电池企业国际竞争力的关键途径。2023 年，中国企业积极拓展海外市场，通过与国际汽车制造商、能源公司等建立合作关系，成功进入欧洲、美国、东南亚等重要市场。此外，中国企业还通过参与国际展会、建立海外研发中心等方式，加强了与国际市场的交流与合作。

品牌建设是提升中国锂离子电池企业国际竞争力的重要方面。2023 年，锂离子电池企业加大了品牌宣传和市场营销力度，通过提升产品质量、优化客户服务、加强品牌故事传播等方式，逐步树立了良好的国际品牌形象。这种品牌形象的提升有效增强了中国锂离子电池产品在国际市场上的认可度和影响力。

中国政府在 2023 年继续推出多项政策支持锂离子电池行业的发展，包括提供财政补贴、税收优惠、研发支持等。这些政策措施不仅促进了行业的快速发展，也为中国锂离子电池企业提升国际竞争力提供了有力支持。随着全球对可再生能源和电动汽车需求的持续增加，国际市场对锂离子电池产品的需求不断扩大，为中国企业提供了广阔的市场空间。

## 第二节　重点企业发展情况

2023年，中国锂离子电池行业以龙头企业、专精特新“小巨人”企业和单项冠军企业等为核心，大力推进技术创新与市场拓展，积极培养和吸引各领域人才，行业整体竞争力大幅度提升，全球锂离子电池行业的话语权和影响力不断增强。

### 一、行业龙头企业

2023年，全球锂离子电池领域见证了中国企业优势的进一步扩大。宁德时代累计装车量297GWh，年增长率超40%，全球市场占有率跃升至36.8%，其卓越的市场拓展和技术创新能力再一次得到彰显。比亚迪紧随其后，依托强大的内部供应链整合能力，市场占有率提升至15.8%，超越LG新能源，跃居全球第2位，这一转变不仅映射出比亚迪在电动汽车转型中的强势劲头，也标志着中国锂离子电池产业整体实力的提升。两家龙头企业市场占有率合计达到52.6%，进一步凸显“中流砥柱”的角色。2023年，六家中国企业（宁德时代、比亚迪、中创新航、国轩高科、亿纬锂能、欣旺达）在全球动力电池市场总市场占有率达到了63.5%，较2022年提升近4%，这不仅巩固了中国作为新能源汽车供应链关键支柱的地位，也预示中国在全球能源转型中的引领角色日益凸显。这些成就的取得是基于中国在电池技术研发、产能扩增、政策推动、市场需求等多维度的综合优势，同时也反映了锂离子电池行业正经历着技术创新驱动的深度变革，步入一个全新的发展时期。

### 二、专精特新“小巨人”企业

在锂离子电池产业生态中，专精特新“小巨人”企业以其专业性、精品导向、特色鲜明及创新活跃的特性，扮演着不可或缺的角色，引领

细分领域的突破与发展。2023 年，这些专精特新“小巨人”企业继续深耕锂离子电池关键材料与核心技术的研发布局，成效斐然。如厦门凯纳石墨烯技术股份有限公司，作为国家级专精特新“小巨人”企业，通过增设锂离子电池新型导电剂生产线，精准响应新能源市场对创新导电材料的迫切需求，有效增强了市场竞争力；河南惠强新能源材料科技股份有限公司持续深耕锂离子电池隔膜技术领域，矢志成为该细分市场的全球领导者。新能源汽车产业的蓬勃兴起带动了锂离子电池需求的激增，专精特新“小巨人”企业凭借对特定领域的专注，实现了快速扩张。湖南金凯循环科技有限公司在废旧锂电池回收及资源再生利用方面的积极探索，不仅促进了循环经济的发展，也推动了锂电材料的技术革新。以天科新能源有限责任公司为代表的企业，通过在全球布局供应链中心并设立前沿研发中心，针对不同市场需求提供定制化解决方案，展示了中国企业在锂离子电池领域的国际影响力和灵活性。专精特新“小巨人”企业作为中国锂离子电池行业的活力源泉，对促进技术迭代升级与市场结构多元化贡献显著。中国专精特新“小巨人”企业不仅将在全球锂离子电池竞技场中赢得更广阔天地，也将为中国乃至世界锂离子电池行业的可持续发展注入更强动力。

## 三、单项冠军企业

制造业单项冠军企业是长期专注于特定细分产品市场的企业，它们在国际上拥有领先的生产技术或工艺，并在单项产品市场上占有显著份额。这些企业在全球范围内展现出强大的竞争力，特别是在锂离子电池等高科技领域。以锂离子电池核心材料电解液为例，2023 年，全球出货量达到 131.2 万吨。在这一市场中，中国企业的表现尤为突出，出货量达到 113.8 万吨，同比增长 27.7%，全球市场占有率提升至 86.7%。广州天赐高新材料股份有限公司以近 40 万吨的出货量位居榜首，占据国内市场份额的 34.7%。根据 EVTank 的统计数据，比亚迪在 2023 年排名前 10 名企业中同比增速最快，其出货量同比增长 86.3%，市场份额提升至 16.7%，排名第 2 位。这些数据反映出中国在锂离子电池核心材料领域的全球领先地位，以及单项冠军企业在推动行业创新和增长方面的重要作用。

## 第三节　典型案例和经验做法

在新型工业化建设中，科技创新是提升锂离子电池产业核心竞争力的关键。通过不断的技术研发和创新，中国锂离子电池企业在全球市场中占据了有利地位。

一是加大研发投入，构建创新体系。锂离子电池企业通过持续加大研发投入，构建了完善的创新体系。例如，宁德时代在中国香港设立国际总部，并在香港科学园成立“宁德时代香港科技创新研发中心”，汇聚了众多顶尖的科研人才，形成了强大的研发团队。该公司每年将营业收入的一定比例用于研发投入，以确保技术创新的持续性和领先性。2023年，比亚迪研发费用达到395.7亿元，同比增长112.2%，超过了特斯拉同期的研发投入，彰显其对技术创新和产品研发的高度重视。二是加强产学研合作，促进成果转化。锂离子电池企业加强与高等院校和研究机构的产学研合作，促进了科技成果的转化。例如，国轩高科与中国科学技术大学等高等院校建立了长期的合作关系，共同开展锂离子电池关键技术的研究，通过产学研合作，将研究成果快速转化为实际生产力。亿纬锂能与武汉大学、以色列StoreDot等高等院校和研究机构就新材料、前沿技术开展研究合作，提高产品的性能和市场竞争力。三是加强知识产权保护，提升核心竞争力。锂离子电池企业通过加强知识产权保护，提升了核心竞争力。据WIPO官方新闻稿，宁德时代是2023年PCT专利申请量前10位的申请人中增长最快的，2023年公布的专利申请量增加了1533件，排名上升了84位，跃升至第8位，知识产权的积极申请，有效保护了公司的技术创新成果，为公司的市场竞争提供了有力的法律保障。四是推动技术标准制定，引领行业发展。锂离子电池企业通过参与技术标准的制定，引领了行业的发展。例如，宁德时代积极参与国内外锂离子电池行业的技术标准制定工作，通过制定行业标准，提升了公司的行业地位和影响力。宁德时代是全国唯一一家连续3年（2020—2022年）进入车用动力电池领域企业标准“领跑者”榜单的企业。

# 第四节　困难挑战及政策建议

## 一、困难和挑战

尽管锂离子电池行业在全球范围内取得了显著发展，但仍面临着一系列困难和挑战，这些挑战需要行业、政府和其他利益相关者共同努力克服。

### （一）原材料价格波动与供应链安全

锂离子电池行业面临的首要挑战来自原材料价格的剧烈波动，尤其是锂、钴、镍等关键原材料。这些原材料价格受全球经济状况、地缘政治、供需关系等多种因素影响，导致成本控制困难，影响产业链稳定。此外，锂离子电池产业高度依赖锂、钴、镍等关键原材料的供应。这些原材料的开采和加工主要集中在特定国家和地区，导致供应链存在地缘政治风险、价格波动风险，以及供应不稳定的风险。

### （二）技术迭代与产业升级压力

随着技术的快速发展，电池技术迭代速度快，企业需不断投入大量资金进行研发以跟上技术潮流。同时，电池性能提升、成本下降的压力迫使企业不断优化生产工艺，提高自动化和智能化水平，这对中小企业构成了较大挑战。

### （三）市场竞争加剧

全球锂离子电池企业数量迅速增长，竞争日益激烈，尤其在中低端市场，价格战频发。国际大企业通过技术、品牌、规模优势，不断巩固市场地位，挤压新兴企业生存空间。中国、韩国、日本等国的企业在国际市场的竞争也日趋白热化。

### （四）环境与社会责任

随着全球对环保意识的提升，锂离子电池行业面临着减碳、循环经济、资源回收利用等社会责任压力。电池生产过程中能耗高、污染风险大，需采取绿色生产技术。废旧电池的回收处理体系尚不完善，环境隐患大，如何建立有效的回收机制，减少环境污染，是行业面临的重要课题。

### （五）国际贸易摩擦与政策不确定性

全球贸易环境复杂多变，贸易保护主义抬头，锂离子电池产品和技术出口面临关税壁垒、技术标准差异等挑战。政策的不确定性，如补贴退坡、新环保法规的出台，对企业的短期盈利和长期规划造成一定影响。

## 二、政策建议

锂离子电池行业作为高新技术产业的重要组成部分，在推动新型工业化建设的过程中发挥重要作用。为了应对行业发展中存在的主要困难和挑战，需要政府、企业及其他相关机构等携手解决。

### （一）加强原材料供应链管理

政府可以通过建立国家级的原材料储备体系，稳定关键原材料的供应，降低原材料价格波动的风险。例如，政府通过建立锂、钴、镍等关键原材料的战略储备，确保原材料供应的稳定性，降低企业成本压力。同时，政府可以鼓励企业通过多元化供应商策略，降低对单一原材料来源的依赖。例如，政府通过财政补贴和税收优惠等措施，支持企业与国内外多个供应商建立合作关系，提高供应链的韧性和稳定性。

### （二）加大研发支持力度

政府可以采用税收优惠、财政补贴等措施，支持企业加大研发投入，鼓励技术创新。例如，对于研发投入占营业收入一定比例的企业，可以给予税收减免或财政补贴，以减轻企业的研发成本压力。同时，可以推动建立产学研合作平台，促进科研成果的转化和应用。例如，通过建立科研成果转化基金，支持高等院校、研究机构与企业合作，将科研成果快速转化为实际生产力，提升企业的技术创新能力。

### （三）优化市场竞争环境

政府通过制定公平竞争的市场规则，打破行业垄断，为锂离子电池中小企业提供更多的发展机会。例如，通过反垄断法和公平竞争法的实施，确保市场竞争的公平性，为锂离子电池中小企业提供更多的市场机会。政府鼓励企业通过技术创新和品牌建设，提升市场竞争力。例如，通过品牌建设支持计划，支持企业提升品牌知名度和市场占有率，增强企业的市场竞争力。

### （四）加强环保监管和支持

政府通过制定严格的环保法规，加强对锂电池生产过程的环保监管。实施环保税和排污许可证制度，加强对企业环保排放的监管。政府通过财政补贴和税收优惠等措施，支持企业采用环保技术和设备减少对环境的影响。例如，对于采用清洁生产技术和设备的企业，政府可以给予财政补贴或税收减免，以减轻企业的环保成本压力。

### （五）应对国际贸易摩擦

政府通过加强与其他国家的贸易谈判，减少贸易壁垒，为锂离子电池企业提供更多的出口机会。例如，政府通过参与多边和双边贸易谈判，降低贸易壁垒，为企业提供更多的市场机会。同时，政府支持企业通过海外投资和合作，拓展国际市场，降低国际贸易摩擦的影响。例如，政府通过建立海外投资基金，支持企业在海外建立生产基地和研发中心，提升企业的国际竞争力。

综上所述，加强原材料供应链管理、加大研发支持力度、优化市场竞争环境、加强环保监管和应对国际贸易摩擦等措施，有效应对锂离子电池行业发展中存在的主要困难和挑战，促进锂离子电池行业的健康发展。

第十四章

# 海工装备

## 第一节　行业发展情况

海洋工程装备（以下简称“海工装备”）主要包括海洋资源（特别是海洋油气资源）勘探、开采、加工、储运、管理、后勤服务等方面的大型工程装备和辅助装备，具有高技术、高投入、高产出、高附加值、高风险的特点。2023 年，海工装备利用率得到提升，钻井平台、浮式生产平台和各类海工辅助船表现日益活跃，考虑到前期库存消化等其他因素，海工装备发展势头较好。

### 一、整体情况

2023 年，全球海工装备市场成交 122 座/艘，同比下跌 40%，成交额共计 125 亿美元，同比下跌 54%。海洋油气相关船舶依然是市场的主力，占比超过 60%。不同装备类型分化十分明显，海洋钻井平台订单依然稀缺，海工支持船成交量企稳回升，其他各型海工装备成交量均明显下降。浮式生产装备作为超大型海工装备项目，成交额 65 亿美元，是造成海工装备市场全年成交额下降的主要原因。海上风电相关船舶市场延续活跃态势，订单占比连续 4 年超过 30%，2023 年更是达到 37%，已经成为海工装备市场的一股重要力量，但具体订单船型结构出现明显变化。风电安装船订单量减少，全年仅成交 5 艘。随着海上风电运维需求的增长，海上风电调试服务运维船（CSOV）、运维母船（SOV）等船型订单量继续保持高位，全年成交 23 艘，铺缆船、起重船、大件运输等细分市场订单也开始受到市场关注。

## 二、产业创新

全球海工装备产业竞争格局正在发生变化，我国连续 6 年保持全球海工大国地位，新加坡、韩国市场份额日益萎缩，欧洲则登上了海上风电快速发展的列车，凭借细分领域赢得一席之地。各国基于自身优势和资源禀赋，形成了差异化的发展策略。在海上风电、海工支持船舶等常规海洋工程船舶领域，我国船厂优势十分明显，这里既有国内风电需求反哺的因素，也有产业规模、产业链环境的因素。在海上浮式生产储油轮（FPSO）、浮式液化天然气生产储卸装置（FLNG）等高价值量的浮式生产装备领域，虽然订单数量不多，但金额巨大，动辄数十亿美元，已经是拉开各国差距的重要因素，也成为当前各国关注的焦点。近年来，我国在 FPSO 市场进步显著，承接了全球大多数 FPSO 船体和上部模块订单。但在 FLNG 市场，目前全球服役的 FLNG 共 7 艘，我国仅交付 1 艘驳船型 FLNG，其余均由韩国、新加坡船厂建造。

## 三、高端化、智能化、绿色化发展

2023 年 12 月，《联合国气候变化框架公约（UNFCCC）》第二十八次缔约方大会（以下简称“COP28”）在阿联酋迪拜落幕。会议首次在推动各国“摆脱”化石燃料这一问题上达成了历史性共识，各方同意着手脱离全球对“一切化石燃料”的依赖，会议还承诺到 2030 年将可再生能源产能增加两倍，将能源效率提高一倍，并在气候适应和融资方面取得了进展，正式开启了能源转型新纪元。

自从 1995 年第一次缔约大会在德国柏林举行，各国围绕气候问题展开了多轮次的谈判，但真正突破性的成果有限，能够在去化石燃料这一关键议题上达成共识意义非凡，成绩的取得来之不易。在去化石燃料的问题上，各国资源禀赋不同、经济发展阶段不同、面临形势不同，很难达成一个多方满意的协议，围绕能源转型的博弈日趋白热化。对于一些小岛屿国家，能源转型事关生存问题，海平面上升可能使这些国家面临灭顶之灾，由美国、欧盟和小岛屿国家在内的 80 多个国家组成的联盟则努力推动 COP28 达成一项包含“逐步淘汰”化石燃料措辞的协议。OPEC 等石油生产国则表示强烈反对，这些国家财政收入严重依赖化石能源，主动转型难上加难，油价维持在较高水平事关国家利益。根据 IMF 的数据，主要产油国财政盈亏平衡油价（维持财政预算平衡的原油价格）在 40.0～300.0 美元/桶，多数在 80.0 美元/桶左右，其中，伊朗最高，2022 年财政盈亏平衡油价高达 278.3 美元/桶。

能源转型是一个多方博弈的过程，尽管方向已经明确，但不确定性大，各国实现能源转型的具体路径和进程也必然不同。相关数据显示，石油、天然气在全球一次能源消费中占比超 50.0%，海洋油气产量更是占到全球油气产量的 30.0%左右，全面脱离化石燃料的目标宏伟，但实施时却不得不考虑很多现实问题。当前业界普遍认为，在能源可获得性、价格和绿色低碳三者之间，很难达到完美平衡，三者之间只能同时实现两个，这就是能源转型的“不可能三角”。2022 年，欧洲天然气供应危机发生，天然气价格飙涨，敲响了能源安全的警钟。在这样的情况下，欧洲积极寻求能源进口多元化，并在可再生能源方面加大了投资。部分国家虽然高声呼吁去化石燃料，但当面临能源安全考验时却不得不向现实妥协。如果考虑能源安全性，那么从传统的化石燃料向脱碳燃料的转型之路将十分漫长。

在此背景下，全球各国加大了可再生能源装机容量开发力度。2024 年市场出现了更多积极迹象，英国政府为了吸引更多开发商参与海上风电建设，将境内海上风电项目“差价合同”（CID）的最高执行电价从 44.0 英镑/MWh 提升至 73.0 英镑/MWh，增幅达 66.0%，同时也将漂浮式海风项目价格从 116.0 英镑/MWh 提升至 176.0 英镑/MWh，增幅达 52.0%。2023 年，中国风电新增吊装容量为 77.1GW，同比上涨 58.0%，创历史新高。其中，陆上风电新增装机容量为 69.4GW，同比增长 59.0%；海上风电新增装机容量为 7.6GW，同比增长 48.0%，是中国风电市场在停止补贴新增风电项目后首年实现陆上海上双增长。预计到 2035 年，全球（不包括中国）海上风电装机容量将接近 290.0GW，海上风电场开发服务的长期需求前景已经大大超过了该行业目前的船队容量。总体而言，海上风电市场长期前景乐观。

## 四、企业国际竞争力

我国包揽了 2023 年全球仅有的 5 艘风电安装船订单，在全球手持 34 艘风电安装船订单中，我国共 30 艘。在高端海工装备领域取得诸多实质性突破，大连船舶重工集团有限公司、中集来福士海洋工程有限公司、中远海运重工有限公司等在 FPSO 领域陆续斩获大单；上海惠生海洋工程有限公司为意大利石油公司 Eni 年产 240 万吨的 FLNG 项目正式开工；我国首艘海陆一体化生产运营的智能 FPSO“海洋石油 123”顺利交付，我国首座深远海浮式风电平台“海油观澜”号成功并网投产。欧洲在海上风电船舶领域发展势头强劲，订单主要被意大利造船集团 Fincantieri 旗下 Vard 船厂及挪威 Ulstein 船厂获得。据初步统计，欧洲船厂共获得海工装备订单 30 艘，主要被挪威、荷兰、土耳其、西班牙等国获得，大多数为海上风电调试服务运维船、铺缆船等。韩国主要聚焦在 FPSO、FLNG、半潜式生产平台等高端海工装备方面，但目前受制于人员短缺等问题，产能也面临瓶颈，2023 年仅获得 2 座/艘海工装备订单，包括 1 座浮式生产平台（FPU）订单和 1 艘海洋调查船订单。新加坡海工装备企业在可再生能源领域也加大了开拓力度，2023 年共获得 4 座/艘海工装备订单，包括 2 艘浮式储存再气化装置、1 艘海工船，以及 1 座浮式生产平台。

# 第二节 重点企业发展情况

由于技术壁垒较高、投资风险大和政策导向的影响，我国海工装备产业竞争格局形成了以国有企业为主导、民营企业为辅的市场结构。重点企业主要分为三个梯队，每个梯队的企业在市场定位、规模和技术能力上有明显差异。一是大型央企，营业收入超过 200 亿元，这些企业在海工装备产业中居于领导地位，不仅技术能力强，而且在资金和市场影响力上占据优势。例如，中国船舶集团有限公司（以下简称“中国船舶”）和中海油田服务股份有限公司（以下简称“中海油服”）等企业在海工辅助船和设备改装方面处于行业前列。二是中型企业，营业收入在 50 亿～200 亿元，包括海洋石油工程服务有限公司（以下简称“海油工程”）、烟台杰瑞石油服务集团股份有限公司（以下简称“杰瑞股份”）、中石化石油机械股份有限公司（以下简称“石化机械”）等。这些企业在特定领域或市场细分上有较强的竞争力，但相比第一梯队在规模和综合能力上稍显不足。三是小型企业，营业收入不足50亿元，这些企业通常专注于特定的细分市场或技术领域，虽然规模较小，但在某些专业技术或市场细分上可能具有一定的竞争优势。

## 一、海洋调查装备领域重点企业

截至2023年年底，全球共有海洋调查船船队659艘，同比增长0.2%，船队增速实现由负转正。其中，全球共有物探船船队数量为191艘，水文调查船228艘，多功能调查船240艘。2023年3月，同济大学定造1艘海洋科考教学保障船，由中船黄埔文冲船舶有限公司负责建造，该海洋科考教学保障船定位为2000吨级智能科考船，具备无陵航区作业能力（冰区除外），采用全回转推进方式，动力定位系统按DP1级配置，具有全天候作业能力及较大的作业中板面积。该船计划用于海洋地球物理、海洋地球化学、海洋地质学、大气环境等综合科学考察，海底地形与地貌、底质与构造、海洋环境与生态的综合调查，海洋调查装备试验及学生实习。

2023年6月，海南省人民政府、三亚崖州湾科技城联合国家文物局、中国科学院深海科学与工程研究所出资建造的深远海多功能科学考察及文物考古船在广船国际有限公司开工建造。该船是一艘可进行深海科学考察及文物考古、夏季可进行极区海域考察的新型多功能科考船舶。该船设计船长约为103米，设计吃水排水量约为9200吨，可艏艉双向破冰，冰区加强达到PC4级，续航力15000海里，可载员80人。船舶具备无限制水域航行、载人深潜、深海探测、综合作业支持、重型安全载荷等标志性功能，对于深远海地质、环境和生命科学相关前沿问题研究意义重大。该船可以为科学考察提供所需样品并搜集记录相关环境数据，为深海考古提供相关学科指导与水下作业支撑，同时还支持深海核心技术装备的海上试验与应用。

2023年10月，广东南油控股集团有限公司在同方江新造船有限公司订造1艘深海资源勘探船。该船由中国船舶集团旗下六〇五院设计，船总长 58 米，型宽 12 米，型深 4.5 米；采用全回转推进方式，配艏侧推装置，具有四锚定位能力和 DP1 动力定位系统，具有良好的航向稳定性和操纵性，航速不小于 12 节，续航力不小于 3500 海里，定员 36 人，自持力不小于 30 天，适应于近海航区。该船是一艘具备国际先进水平的深海资源勘探和海洋科考船，配备有海上钻探作业系统、浅水多波束系统、先进的实验仪器和调查取样设备等，建成后主要用于海洋地质勘测钻探作业和海洋资源调查研究，将为海洋能源开发和海洋生态环保提供综合支持服务，助力海洋强国建设和海洋经济高质量发展。

## 二、海洋油气钻井装备领域重点企业

2023 年，我国海洋油气钻井装备领域的企业有较为不错的发展。中海油服牢牢把握全球钻井市场持续活跃、平台需求稳步增加的机遇，有效匹配装备供给与市场作业需求，签订一系列长周期、高价值的合同，形成多元化核心客户群。自升式/半潜式钻井平台作业日数分别同比增长 1.7%、24.8%，作业日费分别同比增长 7.2%、16.7%，实现了量价齐升，钻井业务营业收入同比增长 16.6%。江苏曙光集团股份有限公司建设江苏省海洋油气钻井设备重点实验室、江苏省企业技术中心，以及李鹤林院士工作站，产品远销国内各大油田和墨西哥湾、中东、西非等地区的 20 多个国家，2023 年开票销售预计突破 15 亿元，2023 年获评国家技术创新示范企业，该企业不断加强关键核心技术攻关，提升自主创新能力，加快创新成果转化。河北华北石油荣盛机械制造有限公司持续强化深海油气勘探关键设备研发工作，2023 年成功研制出国内首套海洋超高温高压防喷器，最高可控制 140 兆帕的井口压力，有效防止井喷事故的发生。该公司先后攻克高强度内衬材料和复杂内腔堆焊技术、超高温高压密封件设计和制造技术等 20 余项关键技术，形成 8 项技术报告，申报 3 项国家发明专利。

## 三、海洋工程施工类船舶领域重点企业

2023 年，中国海洋工程施工类船舶领域的企业在技术创新、市场拓展和国际合作方面取得了显著进展。中国船舶旗下拥有多家大型造船

厂，均具备强大的船舶设计、建造和研发能力，是中国船舶工业的主要力量，如江南造船（集团）有限责任公司、上海外高桥造船有限公司等。2023 年，中国船舶在海洋工程施工类船舶建造方面成绩斐然，交付了多艘具备先进技术和强大施工能力的船舶。例如，大型海上风电安装船、海上铺管船等，为我国海洋工程建设提供了重要的装备支持。上海振华重工（集团）股份有限公司（以下简称“上海振华重工”）作为港口机械重型装备制造商，其生产的起重船、打桩船等在国内外市场上具有较高的知名度和市场份额，在海洋工程施工类船舶领域也具有较强的实力。2023 年，上海振华重工不断推进技术创新，提升船舶的性能和施工效率，为海洋工程建设提供了高效、可靠的施工装备。中国国际海运集装箱（集团）股份有限公司（以下简称“中集集团”）在海洋工程装备领域具有丰富的经验和技术积累。2023 年，中集集团在海洋工程施工类船舶的设计、建造和交付方面取得了重要进展，其生产的半潜式起重船、自升式作业平台等船舶，为海洋工程施工提供了多样化的解决方案。

### 四、浮式生产和储运装备领域重点企业

中国企业在 FPSO 领域取得了重要突破。启东中远海运海洋工程有限公司与世界一流总包运营商 SBM 公司首次合作打造的 M026 MERO 4 型海上浮式生产储油船，2023 年顺利出坞，是世界最大吨位的 FPSO 船，将用于约 1900 米深海域的石油天然气开采和储存工作。中海油能源发展股份有限公司投资建造的全新智能 FPSO“海洋石油 123”成功交付，标志着中国在海上智能油田建设方面取得新进展。博迈科海洋工程股份有限公司 2023 年制造出世界最大吨位之一的 FPSO，仅出口巴西一艘便创汇近 10 亿美元。此外，大连船舶重工集团有限公司、中集来福士海洋工程有限公司和中远海运重工有限公司等企业也在 FPSO 领域斩获大单。

## 第三节　典型案例和经验做法

全球海工装备产业发展至今，基本形成了三个梯队的竞争格局。第一梯队为美国和部分欧洲国家，在技术研发、关键零部件供应、海上工

程、高端装备制造等方面保持领先。第二梯队主要包括韩国、新加坡和中国，在工程建造和设备安装方面具有成本优势。过去我国海上工程界只能根据现有的装备制定施工方案，如今则可根据不同的施工方案新建专用的装备，例如，全球闻名的港珠澳大桥就是如此建成的。此外，各类船舶的动力、机电、通信和导航设施，我国也都能自主设计和生产。

以我国首艘国产大型邮轮爱达·魔都号为例，过去一个多世纪，欧美国家一直在大型邮轮领域处于领先地位。2006 年，国际邮轮公司落户上海后，中国邮轮旅客运输量呈爆发式增长，年均增长维持在 40%以上。爱达·魔都号的入水填补了我国造船工业最后一块空白，中国造船业经历从无到有、从零到一，实现了我国在大型邮轮建造领域零的突破。大型邮轮工程作为中国制造国家品牌的重要组成部分，是新时代我国工业和科技实力的集中体现，更是有效促进国际人文交流、展示大国形象的国家名片。

## 第四节　困难挑战及政策建议

### 一、困难和挑战

尽管我国海工装备产业发展取得了长足进步，但是相比这个领域的最高水平，仍显得实力不强，制约海工装备产业进一步发展的深层次问题依旧存在。海工装备产业存在原始创新能力不足，前沿和共性关键技术研发力量不够，主要领域核心技术和核心关键部件国产化替代率不高；基础配套能力发展滞后，高端制造加工工艺、精益管理体系水平低下；全周期运营管理水平不足，信息共享不及时，未形成有效产业协同创新效应等问题。

### 二、政策建议

为推动海工装备行业健康发展，需从以下 4 个方面入手。

#### （一）推动全产业链协同创新

全面摸排产品和技术“卡脖子”地方，构建全生命周期产业链供应链协调发展格局。重视原始创新能力建设，提高关键基础设计和研发能

力，提高产业链系统创新效率。加快推进海工装备产业公共服务平台建设，围绕研究设计、试验验证、检验检测、科技成果转化、设施共享、知识产权服务、信息服务、融资服务等方面提供支撑。

### （二）培育行业龙头企业

支持企业根据自身发展情况，通过兼并重组、上市融资等方式整合资源，提升企业量级。努力打造一批国际竞争力强、带动示范作用较好的龙头企业。支持中小企业积极融入龙头企业产业链生态，进一步推进产能整合和优化集中，有针对性地开发特色系列产品、拓展产品谱系，培育更多掌握独门绝技的“单项冠军”企业。促进大中小企业融通发展，提高海洋工程装备产业链供应链韧性，优化产业发展生态。

### （三）促进金融领域与海洋工程装备产业有机结合

探索有利于海洋工程装备产业发展的金融模式，打造符合该产业发展规律的融资模式，加大长期投资。推动银行、保险机构与重点企业建立结对服务机制，为企业提供中长期流动资金贷款，提高贷款额度，降低利率和保险费率。鼓励金融机构探索银团贷款等方式，创新金融产品，为船东提供多元化买方信贷融资服务。

### （四）加大海工装备企业走出去力度

支持国内海工装备企业布局全球，融入国际市场。打造一批重点跨国涉海企业，深度融入全球海工装备产业链关键环节和重大增长节点。深化与“一带一路”合作伙伴交流合作，树立海工装备全球合作新典范。鼓励有条件的国内骨干企业和配套企业去海外投资建厂。加强海工装备产业国际规则、知识产权等制定工作，支持企业人员参与国际组织，提升我国海工装备国际影响力和话语权。

# 展　望　篇

第十五章

# 中国新型工业化发展形势展望

## 第一节　外部环境分析

### 一、全球经济继续处于恢复期，我国新型工业化发展受到外需不足、外资乏力制约

当前，全球经济进入低增长周期，根据世界银行预测，2020—2024 年将是全球经济 30 年以来 GDP 增速最慢的五年。据测算，2024 年按购买力平价计算的世界经济增长率为 2.7%左右。从主要经济体的情况看，美国经济在 2023 年展现出超预期的增长态势，GDP 的平均涨幅达到了 2.5%。但美国的经济增长较多依赖较高的通胀水平和美元持续升值。2024 年美国经济增长前景面临一些挑战和不确定性，金融条件收紧、货币政策调整，以及财政压力，可能会造成消费趋紧、投资放缓。欧盟经济继续处于低速增长期，消费疲软、外部需求乏力、较高的利率水平导致融资成本较高，经济不确定性影响投资速度，制约了欧洲经济恢复。日本经济增速将有所回落，人口老龄化和低生育率可能会导致劳动力短缺和成本上升，同时，财政刺激计划，包括现金发放，以及所得税和居民税的削减将促进私人消费，公共投资大型项目将支持经济增长。2023 年，印度 GDP 达到 7.6%，随着制造业引进外资持续增加，市场消费需求增大，全球贸易地位不断提升。

## 二、新兴经济体势头强劲，我国新型工业化面临“前堵后追”的严峻形势

来自新兴经济体的竞争压力加大。根据 IMF 最新的世界经济展望，2023 年，90%以上的发达经济体实际经济增速衰退至 1.5%。与此同时，新兴经济体的增长势头强劲，保持在 4.0%左右，其中，亚洲有可能上升至 5.3%。从具体国家看，2022 年，印度 GDP 规模位列全球第 5 位，马来西亚、越南 GDP 增速均高于 8.0%。2023 年第 2 季度，印度名义 GDP 同比增长 8.0%，实际 GDP 同比增长 7.8%，增速比上季度加快 1.8 个百分点；2023 年前 3 季度，印度尼西亚实际 GDP 同比增长 5.1%，保持较快增长趋势。2024 年，随着新兴市场和发展中经济体经济结构的不断优化和升级，以及对外开放程度的不断提高，它们在世界经济格局中的地位将进一步提升，甚至成为世界经济增长的重要引擎。欧洲等“中间地区”加紧设置自主议题。自 2024 年 10 月 1 日起，欧盟碳边境调节机制（CBAM）正式进入试运行阶段，欧盟地区将对从境外进口的特定产品额外征收碳边境调节费用（以下简称“碳关税”），产品覆盖范围包括“电力、钢铁、铝业、水泥、化工、氢”六大行业，这将增加中国产品出口成本，可能会导致中国企业的竞争力下降并引发贸易争端。2024 年 10 月 4 日，欧盟委员会发布公告称，决定对进口自中国的电动汽车发起反补贴调查，这将对中国电动汽车产业链带来较大的影响，削弱中国出口的整体优势，并将对中欧经贸关系产生负面影响。

## 三、技术创新颠覆性影响加速显现，深层次赋能新型工业化

当前，全球科技创新活动空前密集活跃，新一轮科技革命和产业变革深入演进。以大模型为代表的人工智能，正成为引领变革的核心技术。2022 年年底，OpenAI 推出的 ChatGPT 面世后迅速吸引了大量用户。截至 2023 年 7 月底，国外已累计发布了 138 个大模型。2024 年，通用人工智能和先进制造业深度融合将进入提速阶段。根据 Gartner 预测，到 2026 年，超过 80%的企业将使用生成式人工智能，或在生产环

境中部署支持生成式人工智能应用，而在 2023 年年初这一比例尚不足 5%。可以预见，接下来大模型切实投入工业领域的进程将大幅提速，特别是在汽车、军工、芯片制造、生物制造、机器人，以及传统制造业等领域，生成式人工智能将加速落地应用。新一轮科技革命和产业变革，引发了生产方式、发展模式、企业形态改变，推动由传统制造模式向智能制造、绿色制造、服务型制造等延伸发展，并不断开辟更多新产业、新赛道。例如，固态电池作为新能源汽车的核心部件，凭借安全、能量密度高、成本低等优势，相关产业发展迅速，各汽车生产国企业纷纷布局。2024 年 2 月，日产汽车已经成功开发出全固态电池，目标是到 2025 年开始试生产，并于 2028 年量产一款由全固态电池驱动的电动汽车。商业火箭是开展商业航天活动的主要方式之一。美国太空探索技术公司 SpaceX 已陆续完成火箭回收复用、火箭发射入轨、载人航天发射等任务，并正在研制世界上最新一代大推力运载火箭系统“星舰”。我国商业航天处于快速发展的窗口期，但与发达国家仍有一定差距。

## 第二节　内部环境分析

### 一、各地贯彻落实大会决策部署，将新型工业化道路走深走实

自全国新型工业化推进大会召开以来，各地区、各部门积极贯彻落实习近平总书记重要指示精神和大会精神，多措并举推进新型工业化。二十余个省（自治区、直辖市）陆续召开新型工业化推进大会，在推动产业科技创新、全方位全链条推进数字化转型、发展先进制造业、推动工业绿色低碳转型等方面加强战略部署，探索工业高质量发展路径。未来，各地将在中央、省委的顶层设计下深入探寻符合时代特征和自身实际的特色化发展道路。新型工业化热潮将从省级层面向地市级、区县级层面渗透扩散，形成上下联动、梯次推进的态势。各地将深入探索特色化、多元化新型工业化发展路径。上海、成都、泉州等地通过创造性地贯彻落实党中央大政方针和决策部署，在实践基础上开拓出各具特色的新型工业化之路，起到良好的示范带动效应。未来，其他城市也将进一

步立足自身资源禀赋和发展实际，因地制宜谋划特色发展路径。

## 二、各地积极推进高端化、智能化、绿色化等重点工作

高端化、智能化、绿色化发展是推动产业升级的方向和路径，各地把握新一轮科技革命和产业变革趋势，推进制造业高端跨越、智能升级、绿色转型，全面打造引领未来发展的先进制造能力。各地锚定智能制造主攻方向，推动数字化转型向智能化升级迈进，促进工业数字化转型升级。江苏以“网联”放大“智改数转”效应，打造数实融合强省；浙江构建“数字技术+实体经济”深度融合的产业形态。前瞻布局人工智能产业。形成了武汉“世界光谷”、合肥“中国声谷”、杭州“中国视谷”等数字之谷、智能之谷集群化发展格局。节能降碳是积极稳妥推进碳达峰碳中和、促进经济社会发展全面绿色转型的重要举措。安徽、浙江、青海、内蒙古等 10 余个省份发布专项政策，严格能效约束，加快推动冶金、建材、石化等重点领域节能降碳。四川出台全国首个地方工业产品绿色设计指南，青岛大力推动钢铁、轮胎、家电等产业延伸“绿色链条”，昆明先行先试打造零碳园区的全国样板，湖州着力打造绿色智造试点示范城市，推动制造业向“绿”而行。中小企业是中国经济的“毛细血管”，也是推进新型工业化的重要力量。江苏组织产业链供需对接活动加强整零合作，上海搭建中小企业资源整合平台，四川开展大企业发榜中小企业揭榜工作，共同推动企业合作多赢。

**专栏　各地推进新型工业化的重点任务**

江苏新型工业化推进会议提出，要统筹推进传统产业焕新、新兴产业壮大、未来产业培育“三大任务”，强化产业集群思维，实施重大技术装备攻关工程、产业基础再造工程，促进先进制造业与现代服务业深度融合，抓好强链补链延链，加快构建以先进制造业为骨干的现代化产业体系。

湖北新型工业化推进大会提出，要坚持以绿色低碳为新路径、以科技创新为新动力、以安全韧性为新要求、以数据资源为新要素、以链群协同为新模式，全力推动制造业总量倍增、质效跃升、主体壮大。

内蒙古新型工业化推进大会提出，要全力做好优化产业结构、打造重点产业链条、发展园区经济、壮大市场主体、提升产业创新能力、推进产业数字赋能、推动绿色发展等重点工作，特别是要对新能源项目建设情况开展一次大起底，加快在新能源领域再造一个“工业内蒙古”。

辽宁新型工业化推进大会提出，加快数字辽宁、智造强省建设，全力打造先进装备制造、石化和精细化工、冶金新材料和优质特色消费品工业 4 个万亿级产业基地，做强做大数控机床、船舶与海工装备等 12 个有影响力的优势产业集群，培育壮大新能源汽车、集成电路装备等 10 个战略性新兴产业集群，着力构建具有辽宁特色优势的现代化产业体系。

## 三、资金、人才、数据等生产要素将加速向实体经济汇聚

当前，各地正在积极主动谋划在全国一盘棋中的定位，加快推动生产要素向工业领域集聚。2024 年，在良好氛围带动下，各类生产要素将加速向实体经济涌入，产业发展生态进一步强化。各类要素对实体经济的强供给将加快形成。各地将深化部省市协同，强化政策联动，引导各类资金向实体经济汇聚、吸引高层次人才向制造业流动、推动数字技术与实体经济深度融合，释放要素集聚效应与重组优化效应，推动制造业实现质量变革、效率变革和动力变革。不断强化创新链、产业链、资金链、人才链的深度融合，加快围绕产业链部署创新链，围绕创新链布局产业链，进而不断完善资金链、人才链，推进产业链、创新链、资金链、人才链的一体部署和耦合互促，形成“基础研究—应用转化—产业创新—资金杠杆—人才支撑”有效衔接、协同攻坚、联动发展的产业生态体系。

## 四、面临需求不足、投资下滑、出口疲软等若干困难挑战

有效需求不足，工业品消费需求较为低迷。2024 年 5 月以来，社会消费品零售总额增速不断下滑，从 9.3%降至 9 月的 6.9%。其中，家具、石油及制品、建筑及装潢材料的零售额增速分别从 2 月的 5.2%、

10.9%、-0.9%下降至 10 月的 2.9%、6.4%、-7.5%。终端需求疲软正在向装备、原材料等上游行业传导。其中，生铁、铜材、水泥的产量当月增速分别从 3 月的 7.3%、15.5%、10.4%下降至 10 月的-2.8%、5.1%、-4%；水泥专用设备和金属冶炼设备的产量增速分别从 3 月的-7.2%、4.8%，降低至 10 月的-18.8%、-8.6%。民间投资持续下滑，2023 年 2 月以来，民间固定资产投资完成额增速逐月下滑，从 2 月的 0.8%一路跌至 8 月的-0.7%，之后出现缓慢回升，但仍未恢复至去年同期水平。制造业民间固定资产投资增速虽然高于全行业民间固定资产投资增速，但同样出现持续下降趋势，从 2 月的 12.9%下降至 10 月的 9.1%。特别是纺织服装、家具、化纤等行业，民间投资均出现明显的负增长，分别从 2 月的-2.9%、3.9%、-5.7%下降至 10 月的-4.3%、-8.2、-9.7%。外贸出口形势依然严峻。2023 年 1—10 月，我国向东盟的出口额为 4288.5 亿美元，同比下降 5.3%。从国别看，我国向菲律宾、缅甸、印度尼西亚、柬埔寨、越南的出口额均出现同比下降，特别是菲律宾，降幅高达 10.1%。我国得益于生产的规模化和自动化、供应链的精细化，以及要素市场和终端产品市场的充分竞争，部分“中国制造”的成本和价格低于发达经济体，从而形成我国部分产品价格优势。

## 第三节　政策建议

### 一、以进促稳、先立后破，积极营造有利于实体经济发展的良好氛围

推进新型工业化必须深化体制机制改革创新，形成服务实体经济、防止“脱实向虚”的长期制度性安排。着力深化改革、扩大开放，拿出实实在在的政策举措，支持制造业发展，坚定不移筑牢制造业，强化以先进制造业为重点的政策导向，推动各项政策、各类要素向实体经济特别是制造业集聚，形成有利于制造业发展的良好土壤。

### 二、进一步优化产业结构、以新型工业化赋能新质生产力

推进新型工业化，必须坚守发展实体经济不动摇，坚定不移筑牢制

造业，加快构建以先进制造业为支撑的现代化产业体系，狠抓传统产业改造升级，不能给传统产业简单贴上“低端落后”标签，不能当成“低端产业”简单退出，需要加大对企业设备更新和技术改造项目的政策支持力度，打造规模、技术、质量品牌兼具的新优势。同时积极培育壮大战略性新兴产业，系统推进技术创新、规模化发展和产业生态建设，构建有利于新兴产业发展的监管体系，落实好创新激励政策和支撑保障措施，前瞻谋划一批未来产业，培育形成新质生产力。

## 三、强化科技、产业、金融良性循环，汇聚推进新型工业化的强大合力

推进新型工业化是一项系统工程，涉及经济社会发展的方方面面，需要从国家层面进行全面、系统、长期的战略部署和跨领域、跨产业、跨部门的统筹协调。强化重点产业链推进工作的统筹力度，发挥新型举国体制的制度优势凝聚攻关合力。强化央地间、部门间、区域间的产业政策协同联动，提升产业协同治理和服务水平。深化产融合作，发挥好国家产融合作平台作用，用好制造业转型升级、中小企业发展等基金，深入实施“科技产业金融一体化”专项，推动科技产业金融良性循环。加快打造战略科学家、科技领军人才、青年科技人才等战略人才梯队，倍加珍惜爱护优秀企业家，大力培养大国工匠、卓越工程师和更多高技能人才。支持企业间战略合作、强强联合，通过推动龙头企业发挥头雁作用，带动产业链上下游企业融通发展。推动形成“科技—产业—金融—教育—人才”高效协同的良性循环。

## 四、进一步扩大国内消费需求，形成推进新型工业化的动力

随着经济发展进入新时期，供给侧劳动力、资源、创新等要素成本大幅提升，要实现高质量发展的目标，就要激发供给侧和需求侧的新动能，在更高水平上实现供给和需求的动态平衡。需要稳定消费预期，培育新的消费热点。通过提高就业质量、稳定居民收入、增加公共服务供给等措施，削弱居民养老、医疗、教育等负担对消费的挤出效应，增

强居民消费信心，释放被抑制的消费需求。

## 五、持续探索符合各地实际的新型工业化路径

推进新型工业化，需要立足各地的产业基础和资源禀赋条件，进一步深化特色发展、差异发展的观念，用系统思维打造特色优势。做好全国一盘棋的统筹，开展重大生产力布局，推动区域协调发展。充分调动地方的主观能动性，将地方作为推进新型工业化的主体，构筑产业特色优势，在创新驱动、数智发展、绿色转型、企业培育等方面，创新探索新型工业化的发展模式与实践路径。

# 后　记

《2023—2024 年中国新型工业化发展蓝皮书》由中国电子信息产业发展研究院编写完成，旨在梳理 2023 年我国推进新型工业化的进展和成效，总结各地区、各行业的经验做法，展望新型工业化发展趋势，为更好推进新型工业化提供借鉴参考。

本书分为总体篇、区域篇、行业篇、展望篇，各篇的编写人员如下：总体篇（赵玉），区域篇（岳维松、刘佳斌、吴泽、樊蒙、李振、陈笑天、谢振忠），行业篇（谭俊彬、王海龙、高绪、谢振忠、李振、黄诗喆、张兆泽、侯霁珊、邱石、徐子杨、么鹏飞、张义鑫、曹茜芮），展望篇（张昕嫱），前言、后记及全书统稿（谢振忠）。

在本书编写过程中，得到了工业和信息化部、地方工业和信息化主管部门、有关行业协会、研究机构，以及广大工业企业的大力支持，在此表示衷心感谢。

由于编写时间仓促、编者水平有限，本书难免存在疏漏和不足之处，敬请读者批评指正。

中国电子信息产业发展研究院

**思想，还是思想，才使我们与众不同**
**研究，还是研究，才使我们见微知著**

新型工业化研究所（工业和信息化部新型工业化研究中心）
政策法规研究所（工业和信息化法律服务中心）
规划研究所
产业政策研究所（先进制造业研究中心）
科技与标准研究所
知识产权研究所
工业经济研究所（工业和信息化经济运行研究中心）
中小企业研究所
节能与环保研究所（工业和信息化碳达峰碳中和研究中心）
安全产业研究所
材料工业研究所
消费品工业研究所
军民融合研究所
电子信息研究所
集成电路研究所
信息化与软件产业研究所
网络安全研究所
无线电管理研究所（未来产业研究中心）
世界工业研究所（国际合作研究中心）

通讯地址：北京市海淀区万寿路27号院8号楼1201　邮政编码：100846
联系人：王　乐　　　　　联系电话：010-68200552　13701083941
传　　真：010-68209616　　电子邮件：wangle@ccidgroup.com